成井五久実
NARUI IKUMI

ダメOLの私が起業して1年で3億円手に入れた方法

講談社

はじめに

「3億円」

この数字を聞いて何を思い浮かべますか？
宝くじの一等賞？
サラリーマンの生涯年収？

容易に手に入れることは想像しがたい、大きな数字だと思います。
私は29歳の春に、この3億円を手に入れることになりました。

2016年3月、私は28歳で起業し、「株式会社JION」を立ち上げました。WEBメディアの運営や、広告代理業をする会社です。
ありがたいことに、「JION」は立ち上げから5ヵ月で黒字化。1年後には実績が認められ、3億円で株式譲渡することになったのです（これは当時の女性起業家としては最年少、最短期間で最高額の売却額でした）。

現在は、大手PR会社「ベクトル」グループ傘下の会社のCEOを務めています。

しかし、私は特別な美人でもなければ、特殊な能力を持っているわけでもありません。福島県の田舎に生まれ、私立の女子大学に入学し、人並みに就職をし、仕事で出会った男性と恋をする。いわゆる普通の女性でした。

この本は、今話題の仮想通貨投資や、マルチ商法のすすめでもなんでもなく、普通のOLだった私が、何者かになりたくてもがき、日常で「少しの背伸び」を繰り返した結果、起業して1年で会社を売却し、3億円を手に入れるまでのキャリアを築いた方法を綴っています。

福島の田舎からたった一人で上京してきた普通の女子大生が、夢を叶えるまでの10年間の軌跡を記した、いわば「等身大ビジネス書」です。

私は大学時代から、「いつか起業したい」という夢を持ち続けていました。

10年間、その夢に向かって、ただがむしゃらに走ってきました。


起業の夢を持つきっかけになったのは、両親の存在です。

父は地元では有名な土地持ちの家系で、ゴルフ場建設などを手がけるやり手の経営者でした。母はそんな父をサポートしつつ、臨床心理士として活躍の幅を広げていました。


何不自由ない幸せな家庭でしたが、中学2年生の時に父の会社が倒産し、生活は一変。父はうつ病になり、一家離散の危機に陥りました。

しかし、そんな状況下で母は、開業したカウンセリングルームの経営を軌道に乗せ、父に代わり家計を支えました。そんな母を見て、どんな状況でも自分のポテンシャルを発揮すれば、たくさんの人を幸せにできるのだ、ということを学びました。

同時に、環境が人を動かし、ポテンシャルを引き出すきっかけになるということも。

だから、私はつねに分不相応の環境に飛び込むことで、成長を前借りしてきました。

例えば、

・東大の起業サークルに入る
・安定した企業ではなく、話題のベンチャー企業に入社する
・会社を辞めた翌日に起業する

ちょっとの背伸びを繰り返し、身の丈に合わないことに挑戦し続けて経験を積み、着実にステップアップしていったのです。

夢を叶えるまでのステップは次の通りです。

①夢を決めて「なりたい自分像」を設定する
②夢の実現のために実績を作り、自分に自信をつける
③夢を一緒に叶えるための応援団を作る
④作り上げた〝わたし〟という商品を売ることで、夢を叶える

本書では自分を「商品」に見立て、この4つのステップについて、お伝えしていきます。

具体的な夢や目標の設定の仕方、マインドセットの仕方、仕事術や人脈づくり、コミュニティ形成術など、私が実践してきたことをできる限り詳しくご説明します。

この本は、一度きりの人生、キャリアも恋も全てを手に入れたい！　と日々奮闘する同世代の女性に向けて書きました。

こんな本まで出して、〃ものすごく人生がうまく行っている女性経営者〃のように思われそうな私ですが、実はそうではありません。

ここまで来るのには、たくさんの失敗と挫折がありました。それも、かなり大きなものばかり。

大学受験も失敗しているし、新卒で入社した大手ＩＴベンチャー企業では、仕事で重大なミスを犯し、なんと新卒入社社員初の減給処分を受けてしまったほどです。

こんな私がどうして、「起業」という夢を叶え、望むキャリアを手にすることができたのか？

たくさんの失敗と成功のドタバタ人生とあわせて楽しんでいただければ幸いです。

夢を夢で終わらせないために必要なのは、〝目標に向かって背伸びし続ける〟こと。

その気持ちさえ忘れなければ、叶えられない夢なんてない。私はそう思っています。

田舎出身、女子大卒、貯金ゼロの、ダメＯＬだった私にできたのだから、みなさんもきっと夢を叶えられるはずです。

本書が、一人でも多くの女性の一歩を踏み出すきっかけになりますように。

成井五久実《なるいいくみ》

ダメOLの私が起業して1年で3億円手に入れた方法

目次

STEP 1

〝わたし〟という商品を設計する ……… 039

【夢を決める】

STEP 2

〝わたし〟に商品力をつける …… 087

STEP 3

〝わたし〟のファンをつくる …… 141

【愛される女になるコミュニケーション術で自分の応援団を作る】

【恋人は最強の味方。恋愛でキャリアを発展させる】

STEP 4

〝わたし〟を売る……193

終章

夢のその後

序章

キラキラ女子、世間の荒波を知る

意識高い系女子大生からダメOLへの転落

新卒でDeNAに入社した私
優秀な人材ばかりで同期の半数以上は東大・京大生！
その中で女子は1割未満…
でも私成井五久実(22)は怖じ気づくことなくむしろメラっていた！
やってやろうじゃないの!!
なんだかひとりだけケバいのが…
コワイ…
ここで力をつけて20代のうちに起業してやるんだから！
いえーい!!
ところが…入社後は空回りも多い日々…
もしもしわ……
ガチャッ
プープー
絶賛テレアポ中

そんな
新卒2年目の冬
私の人生を変える
出来事が起きた
ザワッ
えっ……
1億⁉
成井
タイアップ広告で
1億円受注って本当か⁉
ガタッ
はいッ！
キリッ
やった！
褒められた
過去に前例のない
取引額で
社内を
ざわつかせたのだ

ところが……
申し訳ございません!!
成井〜〜〜!
謝って済むか!!!!
提案書に書いた
想定の成果が出ず
会社に2000万円相当の補塡を出させてしまった
この……お前はヒカリエから
飛び降りろ――!!!!
ほけんの窓口グループ
本気ですか……?
部長……
過去に前例のない大失態で社内をまたもざわつかせた
……

私を「起業」に導いた原体験

本書では、私が夢を叶えるために実践してきたノウハウをお伝えしていくのですが、本編に入る前に、少し私自身のことをお話しさせてください。

というのも、私は最初から戦略を立てて、起業というゴールに向かって最短ルートを歩んだ、という人間ではありません。

そんな私が偉そうに冒頭からノウハウを語るのは、ちょっと違う気がするのです。

私がセルフプロデュースを始める前、いわば夢へのスタートラインに立つまでには、大きな挫折がありました。

キラキラ女子がどん底のＯＬ生活を経験し、本格的に起業に向けてスタートを切るまで。そんな物語に、しばしお付き合いいただければと思います。

まずは、どうして私が「起業したい」と思うようになったか？

私が中学2年生の時に父の会社が倒産したことは、「はじめに」でも触れました。父の会社は、ゴルフ場やアミューズメント施設を数多く手がける、地元では有名な企業でした。おかげで、私は幼い頃から何不自由ない暮らしをしていたのですが、バブル崩壊で一転。成井家は莫大な借金を背負うこととなったのです。

父はショックからうつ病を発症してしまうし、明日の生活はどうなるかもわからない。家庭内に流れる空気は混沌としていました。

そんな状況の中、家計を支えることになったのは母でした。臨床心理士の資格を持ち、カウンセリングルームを経営していたのです。

うちはこの先、どうなってしまうんだろう……。そんな私の不安をよそに、母は経営者として抜群のセンスを発揮します。父の負債も返済でき、元の生活にすぐ戻ることができたのです。

この原体験は、私の意識を大きく変えました。

女性も男性に頼らず、働くべきだ。手に職をつけて、一人でも生きていけるようにならなければ……。そんな風に思ったのです。

そこで私は、母と同じ臨床心理士を目指すことにしました。将来、母のように私も自分のカウンセリングルームを持ちたい。そんな思いもありました。

これが、私が起業を目指したきっかけです。


それから、もう一つ、私を起業に導いたものがあります。

「あなたは何かをするために生まれてきたとしか思えない」


これは、子供の頃から母に言われ続けてきた言葉です。

母は結婚後、なかなか子供に恵まれませんでした。一時は不妊治療を行うも、効果は得られず。

結婚から11年が経ち、妊娠はすっかりあきらめていた頃に生まれたのが私でした。

きっとこの子は「何かを成し遂げる」という強い意志を持って生まれてきたに違いない。母はそんな風に思ったそうです。

こう言われて育つと、不思議なもので、私自身もそう思い込むようになります。

私は社会に対して何かを成し遂げなければならない。そのために生まれてきたんだ。私ならきっとできる！

いつしか、そんな**根拠のない自信**を持つようになっていったのです。

キラキラ女子だった大学生時代

臨床心理士になると決めた私は、心理学を学ぶため、東京の大学を目指すことにしました。志望校はお茶の水女子大学でした。

中学校では学年トップクラスの成績をとり、高校は推薦で特進科に入学した私は、根拠のない自信もあいまって、当然合格できると思っていました。しかし、結果は不合格。ここで人生初の挫折を経験しました。

しかし、早く田舎から抜け出して東京に行きたいという気持ちが強かったため、浪人はせず、東京女子大学に進学することを決めました。

起業家と呼ばれる人は東大・京大・早慶出身と高学歴の人が多いですよね。だから私も、いい大学に行かなければという思いが強かったのですが、最初からつまずいてしまったのです。できない自分が嫌になり、自己嫌悪に陥りました。

東京女子大学で心理学と女性学を学べたことは、今思うとよかったのですが、実は未だに学歴コンプレックスを抱えているんです。


とはいえ、そのまま引きこもるような私ではありません。せっかく東京に出てきたんだから、楽しもう！　と、積極的に動き始めます。

大学1年生の時は4つのサークルに入っていました。テニスサークルや音楽サークルなどをかけもちし、毎日遊んでばかり。完璧な「キラキラ女子」でした。

しかし、大学2年生になると、ふと、ただ東京生活を謳歌しているだけでいいのかな？　と思うようになったんです。

そこで、東京大学の起業サークル「TNK」に入ることにしました。

起業したいという夢があったから、というのはもちろんですが、実はもう少し不純な動機もありました。学歴コンプレックスを抱えていた私は、優秀な人たちとお近づきになりたいと思っていたのです。

受験戦争を勝ち抜いた人は、どんな人なんだろう。会ってみたいと、とにかく交友関係を広げることに必死になっていました。この頃は、いわゆる「意識高い系女子」でした。

ＴＮＫの創設者は、堀江貴文さんの鞄持ちで有名になった保手濱《ほてはま》彰人さん。同世代にはグノシーの社長の福島良典さんもいました。

学生起業家の先輩も大勢。彼らの就職先は、いずれも名だたる大企業ばかりでした。

ＴＮＫではフリーペーパーの作成や、経営シミュレーションをするイベントの企画などを経験しました。仮想の会社をいくつか立ち上げ、どの会社が一番市場価値があがるか、プログラムを組んでみる、という３日間缶詰の合宿をしたこともあります。

初めて起業についてきちんと学んだ私は、ワクワクしました。そのうちに、起業を本格的に考え始めます。

臨床心理士を目指して上京してきましたが、東京には色々な考えや夢を持った人たちがいる。最初から選択肢を狭める必要はないんじゃないかと思ったのです。

一度フラットに考えてみて、これだ！　と思える仕事が見つかったら起業しよう。そんな風に考えが変わっていきました。

まだまだはっきりとした目標はありませんでしたが、大学時代に優秀な人たちと同じ環境に身を置くことができたのは、本当によかったと思います。

この「ちょっとした背伸び」で築いた人脈が、後々起業する時にも大いに役立ちました。

◆キラキラ女子、大手ベンチャー企業に入社する

「起業する」と言うのは簡単ですが、実現可能、かつ安定した収益を出せるビジネスプランを思いつくまでには時間がかかります。

実際に起業している先輩を見て、私のようにはっきりとしたプランがないまま動き始めても、うまくいかないと思いました。

起業は30歳までにしようと目標を定め、就職活動を始めることにしました。いずれ起業するにしても、まずは企業に就職したほうがいいと考えたのです。

もし、この本を読まれている方の中に、起業を考えている大学生の方がいたら、よっぽど明確な目標やビジネスプランがない限り、まずは企業に就職してみてもいいと思います。

なぜなら、企業でしか経験できないことがたくさんあるから。新入社員のうちから大企業相手に交渉したり、営業で大きな目標金額を達成したりというのは、企業にいるからこそできること。

それから、企業に通用するビジネスマナーを学んだり、色んな人の仕事の仕方を見たりするというのも、意外と大切なことだったりします。

そんな考えの下、就活をしていた頃。私の人生を大きく変える出来事がありました。株式会社ディー・エヌ・エー（以下、ＤｅＮＡ）の創業者・南場智子さんとの出会いです。

南場さんは、ＴＮＫ主催の東大生向けベンチャー企業説明会に登壇されていました。当時のＤｅＮＡはまだベンチャー企業という位置づけで、南場さん自ら採用活動をされていたのです。

直接お話しする機会はありませんでしたが、「こんなにすごい女性経営者がいるんだ」と、衝撃を受けたことをよく覚えています。

南場さんの下で働きたいと思い、私はＤｅＮＡを受けることに決めました。

最終面接の合否連絡は、南場さんからの電話。

「一緒の船で働こう」

この言葉を聞いた時、私は必ずＤｅＮＡで結果を出そう。そう心に決めました。

これは後から人事の担当者に教えてもらったのですが、内定者の半数以上が東大・京大卒という当時のＤｅＮＡにおいて、学歴が決して高くない私は当落線上にいたそうです。

そんな中、南場さんがこんなことをおっしゃったそうです。

「潰れそうな旅館の前で、人事と私と成井で客引きをしたら、誰が一番客を連れてこられると思う？　成井だよ。成井はすごい女になる」

面接で聞かれたのは、家族構成や生い立ち、学生時代にしていたことくらい。どうして南場さんがここまで思ってくださったのかは、正直わかりません。

南場さんご自身も覚えていらっしゃらないと思いますが、この言葉はこれ以降ずっと、私の心の支えになっています。

南場さんが認めてくれたのだから、そういう自分にならないと申し訳ない。必ず「すごい女」になろう。

今でもつねに、心のどこかでそう思っています。

こうして夢と希望にあふれたキラキラ女子は、ベンチャー企業・ＤｅＮＡに入社することに。

しかし、そこにはいくつもの苦難が待ち受けていたのです。

◆東大生に勝てない！　挫折を味わった新入社員研修

２０１０年のＤｅＮＡ内定者は57人。そのうち女子はたった5人で、周りは東大・京大卒ばかりでした。私は同期の中で一番学歴が低く、またもや学歴コンプレックスに苦しめられます。

しかし、そんなアウェーの環境下でも、なんとか東大生に勝ちたい！　と奮闘し始めます。ＴＮＫで活動している頃から、いつしか「東大生に勝つ」が私のテーマになっていたのです。

私が優秀な東大生に勝てるのは、どんな部分だろう？

自己分析してみると、「コミュニケーション能力」と「行動力」でなら、彼らに勝てるかもしれないと思いました（おそらく、南場さんが面接で評価してくださったのも、この部分でした）。

じゃあ、その能力を活かせる職種ってなんだろう？ 考えるうちに、「そうだ、営業だ」と思いつきます。得意なコミュニケーション能力と行動力でなんとかできるはず、と思ったのです。

営業なら、学歴に関係なく誰もがフラットな立場で戦えます。努力次第でなんとかなる世界に憧れていました。

入社するとすぐに、新入社員研修が始まりました。5人1組のチームを作り、DeNAの次の柱となる新規ビジネスを考える、というものでした。

1ヵ月かけてコンテスト形式で行われたのですが、恐ろしいことに開始から2週間後のプレゼンで上位半分に残れなければ即解散。他の優秀なチームに統合されてしまうという、ものすごくサバイバルなものでした。

私のチームは残念ながら、すぐに解散してしまいます。2週間、知恵を絞って必死に考えたアイディアは、会社にとっては価値のない、ちっぽけなものだったと思い知らされました。

今思うとこれは、企業の仕組みを1ヵ月に凝縮して学べる研修でした。非注力事業を考えているチームは解散させられて、筋のいい事業を考えているチームに再編される。採算がとれない事業は淘汰される、ということを学んだのです。

この研修では最終的に、超優秀な人だけが集められた選抜チームが作られました。入社してすぐに、「同期の中でこの5人が最も優秀です」と格付けされたわけです。

ここで選ばれた5人は、社内の花形部署と呼ばれる新規事業推進室やｍｏｂａｇｅ（以下、モバゲー）開発室に配属されました。

スタートからここまで差をつけられたことに、私は衝撃を受けました。

私はといえば、解散後に統合されたチームでも目立つことはできず、希望していたモバゲー営業部に行くこともできず……。オンラインモールのｂｉｄｄｅｒｓ（以下、ビッダーズ）営業部に配属されることになりました。

ここでの営業の仕事は、オンラインモール内にＷＥＢショップを開設している人に広告枠を売る、というもの。「サイトのトップに表示される広告枠を買ってもらえれば、ページビュー（PV）数が上がり、売り上げに繋がりますよ」といった具合に提案をするので、コンサルティングの要素もありました。

時には電話一本で、面識のない相手に対してモールの初期出店費用の数十万円を販売しなければならない、という過酷な業務でした。

当時、携帯ポータルサイトとして業界トップクラスだったモバゲーの営業先は、有名ナショナルクライアントが中心。大手企業を相手に仕事ができます。

一方、ビッダーズは楽天、ヤフーに次ぐ業界三番手のサービス。営業相手は個人事業主が中心でした。

同じ営業でも、規模がまったく違うのです。

営業というフィールドで東大生に勝つことを目標にしていたのに、私は彼らと同じ土俵に立つことさえできなかった……。

入社早々、出鼻をくじかれ、ずいぶん落ちこみました。

さらに、最初はなかなか契約を取れず、落胆の日々を送ることに。

それでも、絶対に負けたくない！　と思っていました。新入社員研修の時のような、目立てない自分のままでいるのは嫌だったのです。

弱肉強食の社会で生き残るためには、何か強みを作る必要がある。やはり、営業を極めなければ……！

そう思い直し、今いる環境で最大限に活躍する道を模索し始めます。

まずは、ビッダーズ営業部の同期の中で一番になりたい。毎回、目標金額を必ず達成し、今年の新人賞を獲りたい。そう目標を定め、試行錯誤を続けました。

誰よりも多く架電し、顧客と密なコミュニケーションを取って関係を築くことで、売り上げにつなげる。私の得意分野である、コミュニケーション能力と行動力を活かした営業活動を展開し始めます。

その成果は次第に数値にも表れるようになりました。同部署の目標金額達成率は平均80％くらいでしたが、私はなんと3ヵ月連続で目標金額を達成できたのです。

入社2年目には成績が認められ、ついに念願のモバゲー営業部へ異動できることになりました。

新卒初の減給処分を受ける

実績を作れたことで自信もついた私は、気合十分。堂々とモバゲー営業部に乗り込みました。

ここではモバゲーのサイト内に表示される広告を販売したり、モバゲー上での企業タイアップやキャンペーンの企画をしたり、というのが主な業務。

しかし、そこに待ち受けていたのは、さらなる挫折だったのです。

先述した通り、モバゲーの営業相手は大手企業。相手にする企業のレベルが上がったことで、ビッダーズ時代に培った方法論がまったく通用しなくなってしまったのです。

そもそも、ビッダーズとモバゲーでは文化がまったく違いました。

ビッダーズ営業部では新卒を大事に育てようという風土があり、仕事も教えてもらえたし、失敗してもサポートしてもらえました。振り返ってみると、会社をどこか学校のように捉えていたのかもしれません。

しかし、モバゲー営業部は会社の看板を背負っている部署。服装も私服からスーツに変わり、取引先の大手企業に粗相のないように、ビジネスマンとしての常識を徹底的に叩き込まれました。飲み会では若手が率先して場を盛り上げろ、というような完璧な男社会でした（女性は私一人）。

コミュニケーションには自信があったのに、私は次第に自分を出せなくなっていきました。

私はダメ人間なんだ。もう会社に行きたくない。

キラキラ女子はすっかり鳴りを潜め、仕事も手につかない毎日。クライアントへ提出するレポートの数字を間違うなど、細かいミスも連発。視野が狭くなっていたこの頃は、何をやっても怒鳴られていました。

そして、ついに事件は起きました。

「謝って済むか！　ヒカリエから飛び降りろ！」

会社に大損失を与えた私に浴びせられたのは、部長のこの一言。オフィスがあるヒカリエから飛び降りろ、と言われたのです。

もちろん冗談ですが、この時は本当に生きた心地がしませんでした。私はそれだけのことをしでかしてしまったのです。

忘れもしない入社2年目の冬のこと。

私はある大手企業とのタイアップ広告で、1億円近い大型受注を取ってきました。その結果に上司も大喜びでした。

しかし、私が提出した想定される効果の試算にミスがあり、結果が大きく乖離してしまったのです。

メルマガの新規登録件数5000件という試算を出したのですが、あろうことかその桁を一つ間違えていたのです。実際の結果は10分の1という惨憺たるもので、会社に2000万円相当の補塡を出させてしまいました。

部署期待の大型受注だった案件が一変、前代未聞の大失態に。そんな私に待っていたのは、やはり前代未聞の処分。新卒入社社員初の減給処分となったのです。

こんな人、そうそういないですよね。私の周りでも、減給処分になったという話は聞いたことがありません。

実は、起業という夢を叶えるため、モバゲー営業部の次は新規事業推進室に行きたいという目標があったのですが、その機会は訪れないだろうと思いました。一度マイナス評価がついてしまうと、そこから這いあがるのは容易ではないからです。

30歳までに起業したいのに、今の状況ではマイナスをゼロにするだけで20代を使い切ってしまう。絶望にも似た焦りが、私を追い詰めていきました。

◆時には逃げるも恥じゃない

「成井、失敗はゴムパッチンなんや」

相手企業への謝罪訪問の帰り、「ヒカリエから飛び降りろ!」と怒鳴った部長がこんなことを言いました。

たとえ失敗しても、いつかそれは成功になって返ってくる。ゴムパッチンのように、その失敗が大きければ大きいほど、返ってくる成功も大きい。

失敗しないのは勝負をしていない人。そういう人は大きな成果は残せない。成井は1億の受注を取りにいく、という大勝負をしたんだ。部長はそんなことを言ってくれたのです。


どん底にいた私は、この言葉に心底救われました。

失敗しても、取り返せばいい。失敗と成功は紙一重なんだ。逆転の発想ができたこの日のことは、今でも忘れられません。

実際に、この大勝負をした経験は、数年後に3億円になって返ってきました。

起業後、株式譲渡という選択ができたのも、この時に1億の受注を取りに行くという勝負をしていたからこそだと思っています。


その後も失敗を取り返すべく、仕事に打ち込んでいた私でしたが、入社3年目を迎えた頃、ある決断をします。

それは〝逃げる〟こと。

やはり、「30歳までに起業する」という夢を叶えるためには、早く新規事業推進室での仕事を経験したい。でも、DeNAで再び評価されて異動することは難しい……。であれば、環境を変えるしかないと思ったのです。

その頃、TNK時代からの親友でもある同期の山敷君と飲んだことも、きっかけとなりました。

彼は社長室専属で新規事業を担当。会社が数億円のプロモーション費用をかけて挑む、新規サービスの責任者という立場にいました。そんな彼と話していて、視点が違いすぎると感じたのです。

今の私は、山敷君と同じレベルで物を見ることはできない。そんな人がたくさんいる環境で私が活躍するなんて、夢のまた夢。

だったら、もっと小さい会社に行って実績を作りたい。そんな風に思いました。

そこから転職活動を開始。転職先に選んだのは、当時東証マザーズに上場したばかりのベンチャー企業・トレンダーズ株式会社でした。

年収は50万円ほど下がりましたが、私にとっては「新規事業部に配属」という条件のほうが大事でした。トレンダーズは営業で成果を出したら新規事業部に異動してもいい、と言ってくれたのです。

私はこの時、逃げました。

でも、「時には逃げるも恥じゃない」と思うのです。

夢があるなら、それを叶えるための舞台が必要。今の環境はその舞台として最適か？と考えるのは大事なことです。

よく転職を繰り返す人がいますが、我慢ができなくて辞めるのは違うと思います。3年は集中してやってみて、花が開かなかったら場所を変えてみる。時には、そういう見切りのつけ方も必要だと思うのです。

私はたしかに逃げたけれども、逃げたからには次で必ず成功する。そう決意し、転職することにしました。

STEP 1

〝わたし〟という商品を設計する

◆サバイバル時代。生き残りをかけて〝わたし〟という商品を作る

私は、理想のキャリアを実現するためには、「自分を売り込む力」が必要不可欠だと考えています。

モノやサービスではなく、自分を売る。これこそが、これからの時代を生き抜くための大事なポイントだと思うのです。

最近、「働き方改革」という言葉をよく耳にしますよね。

一言で言えば、「一億総活躍社会を実現するための改革」といった感じでしょうか。日本では今、国をあげて労働力人口を増やすために労働環境を改善しよう、という動きがあります。

残業時間を減らす。有給休暇の取得を奨励する。あるいはフレックスタイムを導入したり、在宅勤務を推進したりする企業も増えてきました。

基本的には、働きやすい環境を作ろうという取り組みですが、実際には「仕事で結果を出すこと」は、変わらず社員に求める会社が多いのではないかと思います。

あなたの会社はどうでしょうか？

給与体系も、これまでの「年功給」から、専門性や能力に応じて給与が支払われる「能力給」へと変更する企業が多くなっていますよね。

むしろ、今まで以上に「結果を重視する」社会へと変化している、という状況だと思うのです。


つまり、**「従来よりも短時間で高い成果を上げること」**が求められている、ということ。この動きは今後、ますます加速していくと予想されます。


さらに、今の働く20〜40代が抱える不安は、他にもたくさん。

将来、年金はもらえるの？

明日、会社が潰れたとしたら？

潰れないまでも、いきなり給料が支払われなくなってしまったら？

考え始めると、私たちは親世代のように安定した老後を送れるのかな、と心配になってしまいます。

もし、そんな不安が現実になってしまったとしたら、あなたはどうしますか？

明日会社が潰れても、自力で仕事を取ってこられるだけのスキルがありますか？

年金がもらえなくても、老後、生活していけますか？


現代日本に生きる私たちには、自分の力で生き抜くサバイバル能力が必須と言えるかもしれません。少なくとも、**「自分の力でお金を作る方法」**を真剣に考える必要があると思うのです。


そのために私が大事だと思うのは、**〝自分の商品価値を上げる〟**こと。

会社に属していると、基本的には「商品やサービスを売る」ということが仕事になると思います。営業に限らず、どんな部署でも何かしらのサービスを社内外に提供していますよね。

でも、私はこれからの時代、〝商品〟を売るのみでは、生き残っていけないと思っています。

例えば、あなたがビルやショッピング施設を建設する会社の社員だとします。大きな金額が動く、やりがいのある仕事ですよね。

でも、あなたがそのプロジェクトにどれだけの労力を費やそうとも、完成した建造物は会社が建設したもの。会社を辞めてしまったら、あなたの手元には何も残りません。

会社の名刺を持たないあなたが、また取引先と同じように仕事をしようとしても、変わらず同じ条件で取引してもらえるでしょうか？　おそらく難しいですよね。

だからこそ、会社員であっても**「商品ではなく、自分を売ること」**が必要だと思うのです。

もう少しわかりやすく言うと、**相手に「あなたから買いたい」と思わせる**、ということ。これができれば、どんな商品でも売れるし、転職したとしても、取引先との関係が続きます。

そして、自分の商品価値が高くなればなるほど、短時間で効率的に成果を上げることができるようになります。取引相手が最初から「あなたから買いたい」と思ってくれれば、営業するにしても、テレアポなどの余計な労力をかけずに済むからです。

そう、**〝自分という商品〟に魅力があれば、営業なんてしなくても仕事は自然と舞い込んでくるのです。**

そのように**「自己プロデュース」することが、サバイバル社会を生き抜くための必須条件**。私はそう考えています。

だからこそ、自分をどんな商品にしたいのか？　と考えながら、きちんと設計しておくことが重要。STEP1では**「〝わたし〟という商品の設計方法」**についてご紹介していきます。

◈自分の人生をプロデュースする

ここまで私の失敗物語にお付き合いいただき、ありがとうございました。転職を機に、ようやく私の自己プロデュースが始まります。

最後にもう一つだけ。私が自己プロデュースを始めるきっかけとなったエピソードをご紹介させてください。

DeNAの最終出社日、当時の人事部長にこんなことを言われました。

「自分の人生の選択を正解にするのは、自分しかいないんだよ」

転職をする私を応援するつもりで言ってくださったこの言葉によって、私の人生は大きく動き始めます。

「自分の人生の選択を正解にする」とは、どういうことでしょう?

私は、どうしたら「逃げる」という自分の選択を正解にすることができるのだろう、と考えました。

私は今後、どのように生きていきたいんだろう。どのように起業という夢を叶えようとしているのだろう。

どうすれば狙った通りに生き、最高の着地点を迎えられるのか……。

考えた末にたどり着いた答えは、**「人生のシナリオを書く」**ことでした。

人生は監督・脚本・主演＝〝わたし〟のドラマ。

監督になったつもり、プロデューサーになったつもりで自分の人生をプロデュースすればいいんじゃないか、と思ったのです。

それまでは、シナリオも戦略もなく、ただ起業というゴールを目指していた私。

30歳までに起業したいという目標はあったものの、当時は目の前のことに対処するだけで精一杯。受け身で、翻弄される人生でした。それでは、いつまで経っても夢は叶えられません。

夢の実現のためには、何が必要なのか？

原点に立ち返って、成功までの具体的なシナリオを書く。そして、その通りに演じていく。

そうすることで、自分の選択を正解にしようと思ったのです。

新しい会社では、ダメOLだった私を知る人はいません。転職は「なりたい自分」を一から作り直すチャンスでもありました。

これからは、人生の主導権を自分で握り、とことん成功のシナリオを描き、主演女優になったつもりで演じよう。

そう決めてから、私の人生は激変していったのです。

☑どんな些細なことでも、自ら選択したことを正解にする覚悟を持つ

夢を決める

◆夢に「背伸び」をプラスする

ここで、私が夢を叶えるために必要だと思う3つの条件について、ご紹介しておきます。

名付けて「成功するための三種の神器」！

①夢を公言する
②根拠のない自信を持つ
③自分の夢を一緒に叶えてくれる応援団を作る

この本では、この3つについて段階的にお伝えしていくのですが、中でも私が最も重視しているのは、①の**「夢を公言する」**です。これなしには、自己プロデュースを始めることはできません。

まず最初にやるべきは、夢を持つこと。

この「夢」の設定が一番大事なんです。それも**「絶対に叶えるという執念を持てるような夢」**にすることが。ここでどんな夢を設定するかによって、あなたの未来は決まるのです!

あなたには今、夢はありますか?

あなたは、どんな自分になりたいと思っていますか?

この質問に、すぐに答えられましたか? おそらく、即答できなかった人も多いのではないでしょうか。

子供の頃は「お花屋さんになりたい」「パン屋さんになりたい」など、誰でも聞かれたらすぐに答えられるような夢を持っていたはず。でも、大人になると夢を語る人は少なくなります。社会人になって仕事をしてみると、自分の能力や置かれた環境、収入といった現実が見えてきて、夢を描くことが難しくなるからです。

でも、この本を手に取ってくださっているあなたは、少なからず「こうなりたい」という理想像を持っているはず。そこまで明確ではなくても、「今より良くなりたい」という願望があるのではないでしょうか。

まずは、「なりたい自分像」がはっきりしていない、という方のために、夢の描き方についてレクチャーしていきます。

どうすれば、「具体的な夢」を持つことができるのか？　私の経験から、その方法をお伝えできればと思います。

最初に、今の時点であなたが思い描いている夢をノートに書いてみてください。

それは、どんな夢ですか？

ここで気を付けてほしいのが、それが本当に「夢」になっているか、ということです。ちょっと頑張れば達成できる、目標のようなものになっていませんか？

最初は実現可能な夢ではなく、あなたが今思いつく最大限の夢を持ったほうがいい。年収1億になりたい。社長になりたい。

もっと大きな夢でもかまいません。

この時点では、本当に実現できるかどうかは考えなくて大丈夫。最初は、人から無謀だと思われるくらいでちょうどいいのです。

そうは言っても、いきなり今の自分からかけ離れた夢を想像するのは難しいかもしれません。そんな時は、**「目標を大きくする」**ことを考えてみましょう。

例えば、あなたが「今の部署で出世して部長になりたい」と思っているとします。そこから、ちょっと背伸びするイメージで考えてみるのです。**「部長になりたい」**をレベルアップさせて、**「社内最年少の部長になりたい」**といった風に。

この**「ちょっとした背伸び」が、夢を叶える上でとても重要なポイントになる**のです。

ノートに書き出した夢に「ちょっとした背伸び」を足す

100億円あっても叶えたい夢を見つける

目標から夢を考えるのもいいのですが、この本を読んでくださっている方には、できたらもっともっと大きな夢を持ってほしいと思っています。

では、どうすれば大きな夢が描けるのか？　その方法についてもお伝えしておきます。

私の夢は、起業することでした。

経営者の母を見ていて、女性も男性に頼らず働くべきだと思ったこと、そして、この世に生まれてきたからには何かを成し遂げたい、と思ったことはすでに書きました。

大学に入る前から「起業したい」と思っていた私にとって、夢を持つことは当たり前。他の人も当然、私と同じように何かしら大きな夢を持っているものだと思っていました。

でも、就職活動をしていた時、必ずしもそうではないんだ、ということに気づいたのです。

私の周りの友人の多くは、大手銀行の一般職を就職先として選んでいました。就活生全体で見ても、銀行は人気の就職先ですよね。それ自体を否定するつもりは全くありません。

でも、「どうしてその仕事がしたいの?」と聞いてみると、「銀行で働くのが夢だったから」と答える人は一人もいませんでした。銀行に入ってこういう夢を叶えたい、という人も。

特にやりたいことがないから、ブランドやステータス、安定性を重視して就職先を選ぶ。そういう人が大半だったのです。私はこの事実に違和感を覚えました。

私にとって就職活動は、夢を叶えるための第一歩。ここでの選択が、夢の実現に大きく関わってくると思っていました。しかし、多くの人にとってはそうではなかった。みんな夢を持っていて当たり前、というのは私の誤解だったのです。

みんな、もっともっと活躍できるはずなのに。

彼女たちを見ながら、そう思っていました。優秀な友人たちが、安定性を理由に大手企業の一般職になるのは、なんだかもったいない気がしたのです。もっと大きな夢を持って、やりたいことにどんどん挑戦すればいいのに、と。


生活していくためにはこのくらい稼げればいいか、と現実的なところから考えてしまうと、夢を描くのが難しくなります。

年収300万〜500万円くらいあれば、十分生きていくことはできます。でも、その額を稼ぐのも決して楽ではありません。毎日毎日、会社に行き、時には面白くない仕事や嫌な上司の相手をしなければいけない、ということもあるでしょう。給料とは、我慢賃でもあります。


でも、一度しかない人生、それでいいのでしょうか？

死ぬ時に、やりたいことは全部やって後悔のない人生だった、と言えるでしょうか？

同じ時間を費やすなら、もっとワクワクするようなことに費やしたいとは思いませんか？

ＤｅＮＡ創業者の南場さんは「社会にひっかき傷を作る」という言葉をよく使っていました。

「ひっかき傷を作る」とは、社会に自分が生きた証を残す、ということ。

この言葉を聞くたびに、**私はこの世に生まれてきた以上、社会に対して何かを残したい**。そう強く思っていました。

きっと、どんな人でも生まれてきたことには意味があるはず。生まれてきた以上は、何か社会に貢献できることがあるはずなんです。そして、抱く夢のスケールが大きい人ほど、成功しています。

だからあなたにも、終身雇用とか、年収５００万円を稼ぐとか、部長になりたい、といった現実的な目標で満足してほしくないのです。

現実的に今の収入から考えてしまうと、夢が小さくまとまってしまうので、いったんお金の縛りはなくしてしまいましょう。

あなたは今、１００億円を持っているとします。

そのお金を使って、何をしたいと思いますか？

100億円持っていたとしても、今の仕事を続けたいと思いますか？

こんなことを考えながら、自分が本当にやりたいことをノートに書き出してみます。

私が転職した頃にノートに書いていた夢は、こんな感じでした。

【100億円あったら叶えたい夢は？】

ビジネス

- 起業したい
- 女性のキャリア支援をしていきたい
- 人々に認知される雑誌や映画を作ってみたい
- 母のNPO、カウンセリング事業を手伝いたい
- 本を出版して、日本中を講演して回りたい

プライベート

- 綺麗になりたい
- 結婚して35歳までに子供が欲しい
- 1億円以上のマンションが欲しい

私は、たとえ100億円持っていたとしても、やっぱり起業したいと思いました。

実は私も、「まずは勤務先のトレンダーズで圧倒的な営業成績を出して、会社の広告塔になる。それから起業をして、年収1000万円稼げるようになりたい」と、実現可能そうな夢と金銭面のゴールを考えてはいました。でも、お金の縛りをなくして考えてみると、もっと大きな夢がいくつも出てきたのです。

あなたは何をするために生まれてきましたか？

現実的な思考に囚われず、自由に楽しく想像してみてください。

そして、大きな夢を描けたら、それをノートに書いてみましょう。

夢はいくつあっても大丈夫ですよ！

☑ 100億円あったら叶えたい夢を、ビジネスとプライベートで、できるだけ多く書き出す
☑ 夢を叶えて、毎日が充実して、幸せのエネルギーが溢れている自分を想像してみる

◆理想の年収は、欲しいブランドの数で考える

「100億円持っている」なんて言われても、ピンと来ない方もいるかもしれません。そんな大金を手にしているイメージが湧かない場合は、かえって夢を描きにくいですよね。そんな時は、**「私はどんな生活がしたいんだろう?」**というところからイメージしてみるのもいいと思います。

例えば、欲しいブランドに置き換えて考えてみましょう。
ディオールの新作コスメが欲しい。シャネルの香水が欲しい。ヴィトンの財布が欲しい。グッチのバッグが欲しい。20万円のセリーヌのニットを躊躇《ちゅうちょ》なく買えるようになりたい……というように。

そこから、それを持っている自分はどんな場所に住んでいるだろう？　どんなところで食事をするだろう？　と想像してみるのです。

理想の暮らしをイメージするのが難しかったら、あなたの周りで一番憧れる生活をしていると思う人のライフスタイルから考えてみるのもいいと思います。

港区のタワーマンションに住んでいる人。いつも高そうなお寿司の写真をＳＮＳに投稿している人。ホテルのスイートルームに泊まっている人。

「羨ましいなぁ。私もこんな生活がしたい！」と思うような人がいますよね？（知り合いにそういう人がいなければ、有名人でもいいです）

その羨ましいポイントを一つ一つ、ノートに書き出してみましょう。

自分の中の本質的な欲と向き合い、どんなブランドが欲しいか、どんな生活がしたいのか、なるべく具体的にイメージしてみてください。

誰の目も気にすることなく、ここはノリノリで、楽しみながら！

大きな夢が思い浮かばない場合は、あなたの「理想の生活」をたくさんノートに書き出してみる。これを第一歩としてみてください。

そして、その一つ一つを叶えるには、いくらかかるのか。金額も一緒に書いてみてください。洋服代20万円、エステ代5万円など、1ヵ月単位で書いてみるとわかりやすいと思います。

そうすれば、あなたの理想の暮らしを叶えるためには、1年で一体いくら必要なのか？　目標とすべき年収がわかるはずです。

そして、その年収がわかったら、今度は何をしてその金額を稼げるようになりたいか、と考えてみるのです。

- 手に入れたいブランドや商品を、値段とセットで書き出す
- 理想の生活をするためには月収いくら必要か試算し、目指す年収を設定する

憧れの女性から人生を逆算する

どうでしょう？　ここまで読んでくださった方は、前よりも大きな夢を描くことがで

きたのではないでしょうか。

夢が決まったら、今度はそれを〝具体的な目標〟にするために、**「なりたい自分像」**を設定してみましょう。

ここで大事なのは、最終的な理想像だけを設定するのではなく、何年後にどうなりたいのかまで考えること。

目標があまりに今の自分とかけ離れていると、「私には無理だ。いつ叶えられるかもわからないし、もうあきらめよう」と思ってしまうかもしれません。

でも、1年後ならどうでしょう？

1年後に、憧れのあの先輩のようになる。

このくらいの目標なら、達成できる気がしませんか？

私の場合は、**1年後、5年後、10年後にこうなりたい、と思う理想の女性**を見つけていました。

10年後の目標にしていたのは、DeNA創業者の南場智子さん。5年後の目標はトレンダーズ株式会社の創業者、経沢《つねざわ》香保子さんでした。

そう、どちらも私が所属していた会社の創業者です。私のキャリアを作った二社は、偶然にも憧れの女性社長が作った会社だったのです。


南場さんという女性経営者に影響を受けたことは、すでに書きました。女性でありながら、経営者としてこんなに活躍している人がいるんだ。私もいつかこうなりたい。南場さんは就活をしていた頃から、私の憧れの存在でした。南場さんは男性社会において、自分の実力だけで大企業の経営者にまで上り詰めた女性。


DeNA入社時の最終面接では、こんなことを言われました。

「成井、女で戦っちゃだめだよ。女で頑張っていればそれだけで目立つから、簡単に土俵には上がれるけど、その先は実力勝負。女であることを意識しながら仕事をしてはいけない」

性別とは関係なく、真の実力をつける必要があると覚悟を決められた一言です。

経沢さんは当時最年少で東証マザーズに上場した女性経営者。26歳の時にトレンダーズ株式会社を設立し、女性起業塾や女性向けのソーシャルメディアマーケティングを展開して、日本の女性起業家の第一線で活躍しています。

現在は、自らが母親として子育てをした経験を活かし、働く母親を支援するベビーシッターマッチングサービスを提供する株式会社キッズラインを運営されています。

経沢さんからは、女性ならではの視点をビジネスに活用する大切さを学びました。


それから、会社の〝顔〟として見た目にも気を遣う、経沢さんの「女性としての在り方」にも憧れました。

肌、髪、服装は意外と人に見られているもの。経沢さんはいつも、細かい部分にまで気を配っていました。

そんな美人社長が言うことには、やっぱり説得力がある。経沢さんを見ていてそう感じた私は、自己投資してつねに綺麗でいよう、と思うようになりました。

周りを見ても、男女ともに見た目が洗練されている人のほうが、信用される傾向にあります。トレンドを知っていると思われることで、仕事に繋がる機会も増えます。

ビジネスの実力にプラスして、「綺麗でいること」も自分の武器になると知りました。

南場さんと経沢さん。タイプの違う二人の女性起業家の在り方を見て、私はその両方を兼ね備えた女性経営者になりたいと思いました。

でも、いきなりそんな高みを目指すのは難しい。

だから、もっと身近な、**1年後になりたいと思う女性像**も設定していました。

ポイントは**今の自分から遠すぎず、近すぎず、ちょっと背伸びをしたら届きそうな存在の女性**にすること。

私の場合は、現在OMOYA Inc.の代表取締役社長であり、『「私らしさ」のつくりかた』という著書も出されている猪熊真理子さんでした。

彼女との出会いは、転職活動をしていた時にさかのぼります。

実は、トレンダーズだけでなく、株式会社リクルートからも内定をもらっていたのですが、その時にリクルートの人事の方に紹介してもらったのが猪熊さんでした。

当時は、「ホットペッパービューティー」のマーケターとしてCMの企画をするなど、リクルートで活躍されていました。その一方で、副業として自分の会社を立ち上げ、プライベートでは「25ans」のブロガーとしても活動。見た目も、とても美しい女性でした。

その当時の私が欲しいと思っていたものを全て持っている女性。そんな人に出会ったのです。しかも、年齢は私と3歳しか違いませんでした。

猪熊さんに初めてお会いした時の衝撃は、今でも忘れられません。

その夜、家に帰った私は「猪熊真理子！」とノートに大きな字で書きました。彼女の「すごい」と感じた部分や、私も絶対にこうなりたい、という気持ちを悶えながら綴りました。

私と同年代の女性が、自分の理想とする人生を手に入れている。その現実に、とてつもない焦りを感じたのです。

こんな風に、**憧れの人を「なりたい自分像」として設定すると、目標を具体化することができます**。そこに近づくためには、どのように振る舞えばいいのかが見えてくるのです。

あなたの周りにいる憧れの人を思い浮かべながら、1年後、5年後、10年後の目標を設定してみてください。

1年後、5年後、10年後に目標とする人物をそれぞれ設定する

人生のシナリオを書く

ここまで読まれた方は、夢を描き、「なりたい自分像」を設定することができたと思います。

でも、夢はただ願っているだけでは叶いません。

では、どうすれば叶えられるのか?

ここで「人生のシナリオ」の出番です!

「理想の人生」というドラマの主演女優になるため、脚本家になったつもりでシナリオを書くのです。

あなたは、どんなドラマの主演女優になりたいですか？

あなたにとって最高の最終回とは、どんなものですか？


そんなことを考えながら、シナリオを書いてみるのです。

シナリオと聞くと、「書くのが面倒くさい」とか「そんな立派なものを書ける気がしない」と思うかもしれません。

でも、大丈夫。ここで大事なのは、**「何歳で、どんな自分になっていたいのか」がはっきりわかる形にすること**です。逆に言うと、それさえわかればいいのです。

私のオススメは**「テンショングラフ」**を作成すること。自分のテンションの上がり下がりを折れ線グラフにしてみるのです。

過去を振り返りつつ、どんなことがあった時、私は嬉しかっただろう、あるいは落ち込んだだろう、と考えながらグラフの形にしていきます。すると、自分の傾向がつかめるのです。

私の場合は、中学で学年トップの成績を取った時や、ＤｅＮＡ時代に営業で３ヵ月連続で目標金額を達成した時など、自分の頑張りを周囲に認めてもらえた時に一番テンションが上がるんだな、ということがわかりました。

こうして冷静に分析して整理すると、心がなんだか落ち着きます。**自分の人生を俯瞰してみると、自分で自分の人生をコントロールできるような気がしてくる**のです。

シナリオの書き方に特に決まりはありませんが、よかったらぜひこの方法を試してみてください。

未来予想図に最悪のシナリオを書く人はいないはず！　現時点からはずっと上がりっぱなしのグラフを書きましょう。

夢を叶えるために必要なスキルを洗い出す

「理想の人生のシナリオ」を書く時には、**夢を叶えるために必要な条件**についても考えてみましょう。

26歳当時の私の人生の夢は、「女性のキャリアを支援するビジネスで食べていくこと」。そのために必要な条件は、なんだろう？　と考えました。

女性のキャリアを支援する立場になるためには、20代で圧倒的な結果を残し、多くの女性から憧れられるようなキャリアを築いておく必要がある。そう考えた私は、やはり30歳までに起業するしかない、と思いました。

ずっと「夢」としてあった起業が、ここで明確な「目標」に変わったのです。

では、起業という目標を達成するためには、何が必要でしょうか？

私の場合は、一流の営業になることと、新規事業部を経験すること。この2つが必要だと思っていました。営業力は自社商品を売っていく上で欠かせない要素。新規事業立ち上げ業務の経験は、起業する上で参考になる。そう考えたからです。

それから、起業を支援してくれるような人脈を築き、起業に必要な資金を調達することも重要だと思いました。

つまり、起業に必要なのは、営業、新規事業立ち上げという経験から得られる**「スキル」**と**「人脈」**と**「資金」**の3つ。これが、夢を叶えるために、当時の私が満たさなければいけない必要条件、ということがわかりました。

ステップとしては、「夢↓目標↓必要条件」のように分解していくイメージです。ここからさらに、「一流の営業になる」ためには、「営業部で月間MVPを獲る」という目標を達成したい。そのために必要な条件は……というように、細かく分解していくのです。私はこれを棚卸し作業と呼んでいました。

目標達成の期限を決める

シナリオを書く上で一番大事なポイントは、**「一つ一つの目標を、何歳で達成したいのか」を明確にすること**。

夢を叶えるために必要な目標を設定できたら、次はこのポイントについて考えてみましょう。

例えば、あなたが恋愛ドラマを書いている脚本家だとします。今は中盤あたりの展開を考えているとしましょう。

最終回は当然、ハッピーエンドにしたいですよね。仮に、結婚式のシーンをゴールとしておきます。

でも、ここまでには主人公が彼氏とケンカしたり、ライバルが登場して別れの危機を迎えたりしています。その状態から、結婚というゴールに導くためには、何話目までに仲直りさせる必要があるでしょうか？　少なくとも、最終話の1話前までには仲直りしそうな雰囲気を作っておきたいですよね。

そう、なんのプランもなしにハッピーエンドを迎えることなんて、できません。最高の最終回を演出するためには、何話目で仲直りする、ライバルがあきらめるなど、そこに到達できるような展開を用意しておかなければいけないのです。

「人生のシナリオ」も同じ。

最終的な夢を叶えるためには、どの目標を何歳までに達成すべきか？　ということを考えておく必要があるのです。

目標年齢を記しておけば、それはそのまま人生のスケジュール帳にもなります。

そして、日々そのスケジュールを目にしていると、無意識に「ここまでに達成しなきゃ」と思うようになる。この〝**無意識に働きかける**〟ということが重要なんです。

26歳の私が、「30歳までに起業する」という目標を達成するには、29歳までに営業を極めて、新規事業立ち上げを経験しておく必要がある。

そのために残された時間は、わずか3年。当時の私は、「あと数年で結果を出して起業しなければいけないんだ」という不安といつも戦っていました。

でも、どうしても目標は達成したい。そう思った私は、「27歳までに営業で結果を出し、28歳で新規事業部に異動する」。トレンダーズでの目標をそう設定することにしました。

働く女性であれば、一度はキャリアとライフイベントの両立について悩んだことがあると思います。私もそうでした。

結婚・出産などライフイベントの適齢期を考えると、女性がキャリア一本に集中できる時間は、人生の中でとても短いですよね。

つまり、**女性は思った以上に、計画的にキャリアを築いていかなければいけない**、ということなのです。

結婚・出産は望んでいない、あるいはもう終えたという人でも、自分のキャリアにおいて無駄な年月は過ごしたくないはず。有意義な人生を送るためには、期限を決めて目標をこまめに設定しておくことが大事です。

夢を実現するためには、いつまでに何をしなければいけないのか?

夢から逆算することで、直近の目標を明確にしておきましょう。

人生は一度きり。後悔なんてしたくないですよね。

だからこそ、理想の人生のシナリオを書くのです。そのシナリオを主演女優として、思うがままに演じましょう!

- **理想の人生のシナリオを達成するために必要なスキルを洗い出す**
- **理想の人生のシナリオ達成までのスケジュールを立てる**

TENSION GRAPH

人生のテンショングラフを書く（これまでの自分を分析し、これからの自分を想像する）

※人生の中で転機やポイントだったと感じることをまとめよう。過去を振り返ったら、これからの未来予想図も書き込んでみよう。

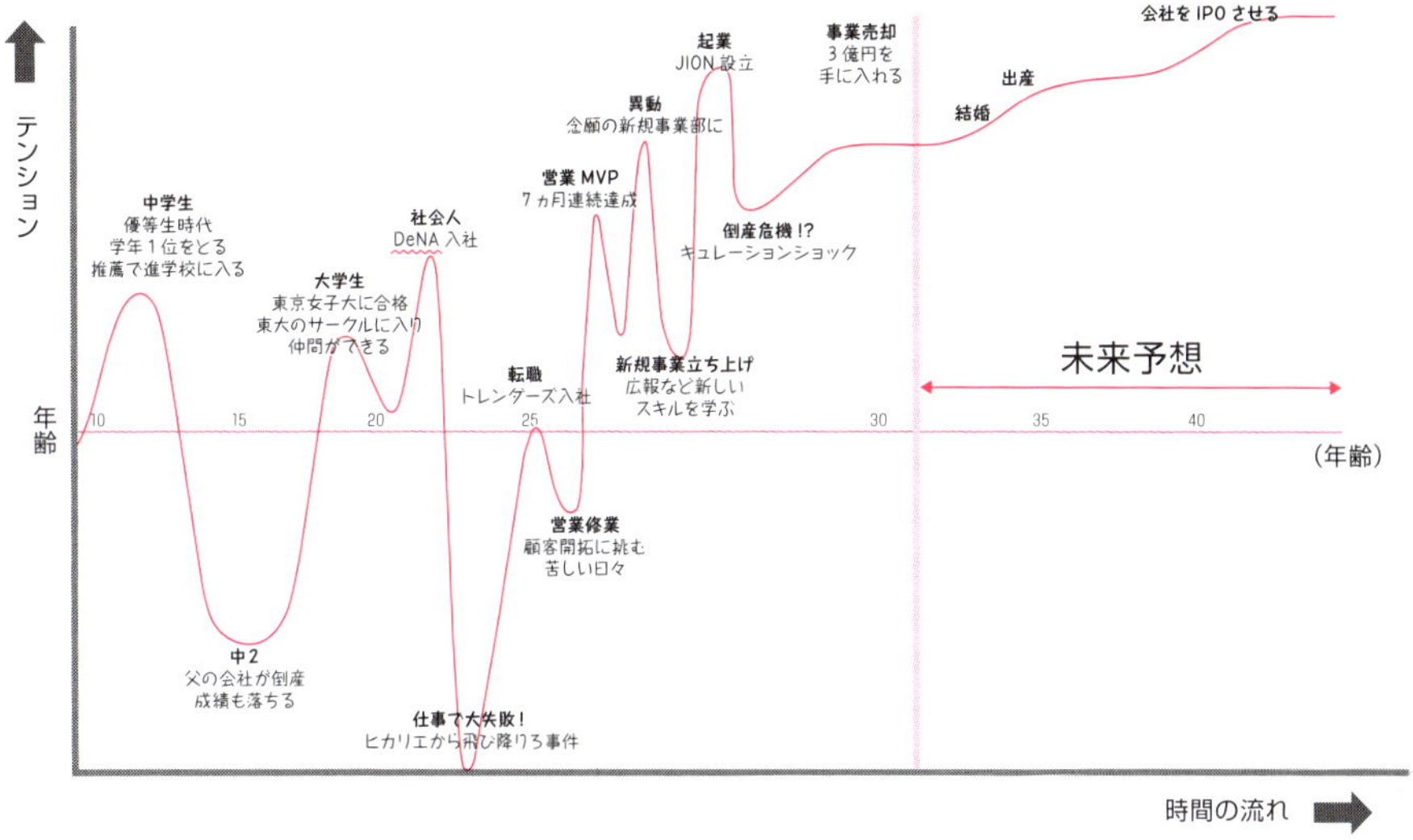

YOUR TURN

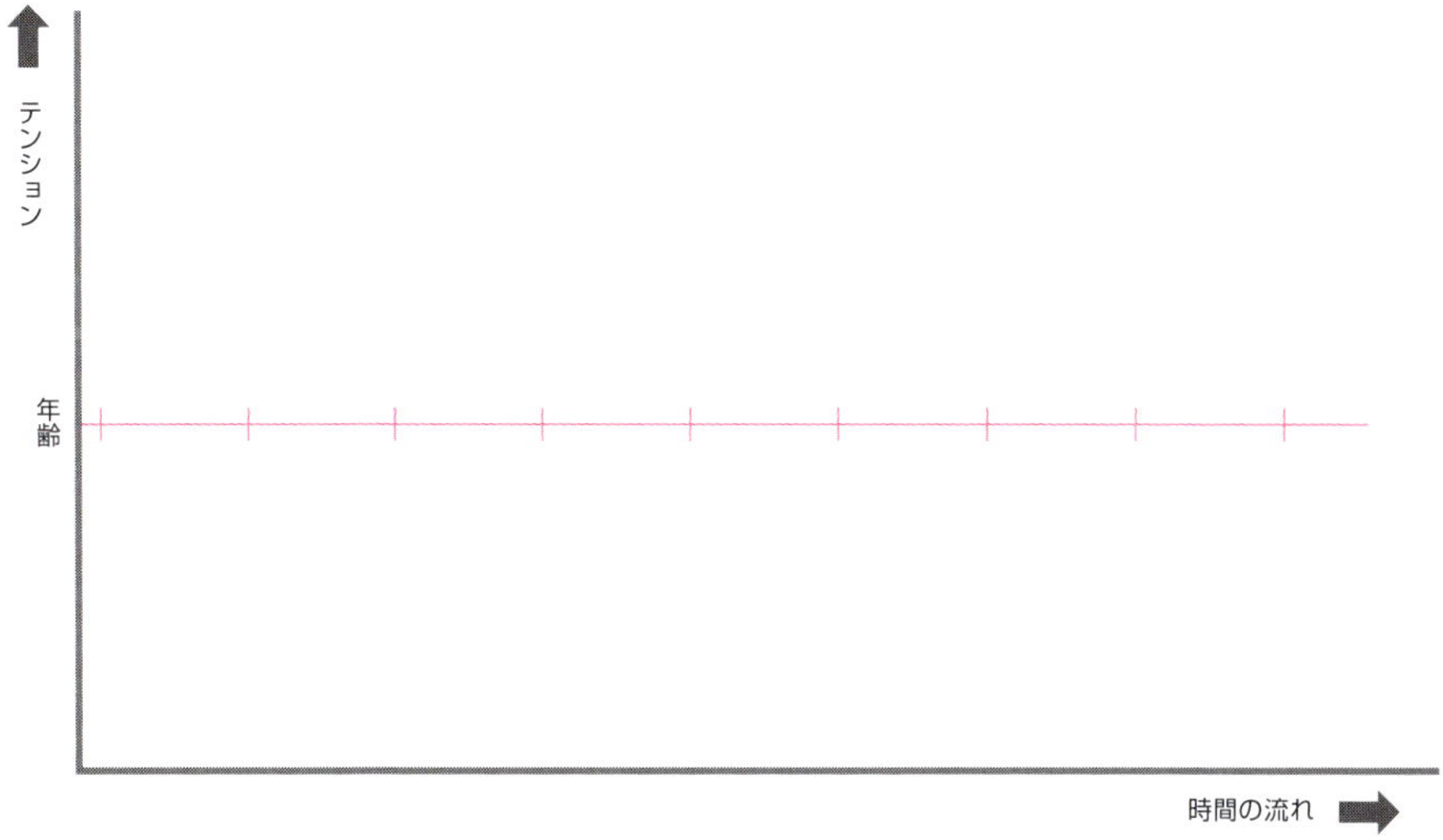

LIFE PLAN 人生のプランを設定する

WISHLIST
100億円あったら
やりたいこと

ビジネス

プライベート

↓

私の将来の夢は

そのために必要な年収は　円

MY STAR
憧れの人

1年後

5年後

10年後

PLAN 今年のプランを設定する

GOALS
目標

CAREER
仕事

達成すること

FINANCE
マネー

目標の年収・貯金額は?

LIFESTYLE
ライフスタイル

恋愛や美容などプライベートでやるべきこと

◆〝わたし〟が輝く舞台を決める

こんなに頑張ってるのに、どうして評価してもらえないんだろう。上司が忙しくて、きちんと私の仕事を見てくれないからだ。

広報の仕事がしたくてこの会社に入ったのに、入社して2年間は全員営業を担当しなければいけない。本当はやりたくないけど、会社のルールだから仕方ないか。

こんな不満を持ちながら仕事をしていませんか？

第一志望の会社に入れたはいいものの、その後はなかなか自分の思い通りにならない。いざ入社してみると、そう思うことって多いですよね。

理想と現実のギャップに苦しんでいるのは、あなただけじゃありません。ここまで書いてきた通り、私もDeNAでは思ったような活躍ができず、本当に落ちこみました。

でも、**環境のせいにしていては、いつまで経っても望む人生なんて送れない**のです。

頑張っていれば、いつか報われる。誰かがきっと私の夢を叶えてくれる。

そう信じたい気持ちもわかりますが、それはおとぎ話の世界。狙った通りの人生を生きたいのなら、そんな幻想は捨ててしまいましょう。

自分の人生は自分でプロデュースするもの。

理想のドラマを演じるために必要な舞台は、自分で用意すればいいのです！

今いる環境は、あなたのドラマの舞台として、ふさわしいですか？

今いる環境で、目標を達成することはできますか？

目標が明確になったら、今度は今いる環境がその舞台としてふさわしいかどうか、考えてみましょう。

先述した通り、夢を叶えるためには、期限を決めて、計画的に目標を達成していく必要があります。そのためには、必要なスキルをベストなタイミングで身に着けていきたいですよね。

例えば、あなたが5年以内に起業したいと思っていたとしたら、何をしなければいけないでしょうか？

今の部署にいて、今の仕事を続けていて、ゴールに近づけそうでしょうか？

最短ルートで目標を達成するためには、それにふさわしい舞台に身を置く必要があります。もし、今の環境で目標達成のために必要なスキルが得られないと思うのなら、思いきって部署や会社を変えてみましょう。

いずれは得られるかもしれないけど、いつになるかわからない、という場合も同じ。短い人生の中で、わざわざ貴重な時間を無駄に過ごす必要はありません。**何にも縛られず、もっとわがままに、自分の人生を作っていきましょう。**

私はＤｅＮＡという環境で、３年以内に営業と新規事業立ち上げのスキルを身に着けることは難しいと思ったからこそ、環境を変えるという決断をしました。この時の選択は、私の夢を叶えるために、必要不可欠でした。

あの時、26歳でトレンダーズに転職したからこそ、私は28歳で起業するという夢を叶えることができたのです。

今いる環境の延長線上に夢はあるのか？ 今一度振り返る

トレンダーズの営業になって1年が経った頃、私は社長に「1年以内に新規事業部に異動したい」と希望を出しました。営業としてそれなりの成果を出せるようになってきたタイミングで、将来の希望を社長に伝えたのです。

すると、「クオーター（四半期）で２０００万円の利益を出せたら異動してＯＫ」という条件が出されました。

何かを得ようとすると、このように条件を出されることがあります。

つまり、夢を叶えるには、その条件を満たすための努力が必要ということ。逆に言うと、条件さえ満たせば、望んだものが得られるということです。

実は、私は子供の頃から、条件を満たすことで自分の夢を叶えてきました。

中学生の時、携帯が欲しいと言った時の条件は「今度のテストで10番以内に入ること」。高校生の時、オーストラリアに留学したいと言った時の条件は「期末テストで学年トップになること」でした。

親に出された条件を一つ一つクリアすることで、欲しい物を手に入れてきたのです。

夢が「条件」という形に変われば、より叶えられる可能性が高くなります。そのために「今、何をすればいいのか」が明確になるからです。

この「条件」を引き出すためにも、夢は決まった時点から公言しておいたほうがいいのです。

将来、起業したい。1年後に新規事業部に異動したい。

営業でこのクライアントを担当したい。こういうスキルを身に着けたい。

目の前の小さな目標も、10年言い続けられる大きな夢も全部、とにかく人に語る。やりたいことは明確に周りに伝えておくのです。そうすることで、「この人はそういう意志を持った人間なんだ」と相手に認識してもらえます。


夢を叶えるためのシナリオができたら、あなたの理想のキャリアを実現させてくれそうな人（直属の上司や、ベンチャー企業であれば社長や役員がベスト）に、年単位の自分のシナリオを伝えてみましょう。


それが夢を叶えるための近道であることは、間違いありません。

それから、「夢を公言する」ことにはもう一つ、メリットがあります。

先日、大学の卒業アルバムを久しぶりに見る機会がありました。最後のページは寄せ書き用のページになっていて、仲良しグループだった7人の友人が私へのメッセージを書いてくれていました。

驚いたのは、7人のコメントすべてに「女社長になるのを楽しみにしてるよ」と入っていたこと。

今振り返ると、東大の起業サークルに入った19歳の頃から、私は「起業する」という夢を周りに公言していました。28歳でその夢を叶えるまでの10年間、出会った人みんなに言い続けていたのです。

絶対に叶えると信じていた夢。それは執念にも似た夢だったかもしれません。

ここまで周りに認識されると、「この夢は絶対に叶えなければ」と思うようになります。口だけの人だとは思われたくなかったから。

私は**夢を公言することで、自分をどんどん追い込んでいった**のです。これも、夢を叶えるための大きな原動力となりました。

- **設定した夢を、同僚、上司、友人、恋人、とにかく多くの人に伝える！**
- **上司は、あなたが望むキャリアプランを知っているか確認する**

STEP 2

〝わたし〟に商品力をつける

〝わたし〟を売れれば、売れない商品はない

ＳＴＥＰ１では、夢の設定方法と、それを叶えるために必要な準備についてお伝えしてきました。

短い人生の中で確実に夢を叶えたいと思ったら、やりたくないことに時間を費やしている暇はありません。

夢を2倍、いや、１００倍速で叶えるためには、**よりチャレンジングな環境に飛び込み、スキルを磨いていく必要**があります。そして、その過程で一つ一つ実績を積み重ねていくことで、**何者でもない自分に「武器」と「自信」をつけていく**のです。

ＳＴＥＰ２では、ＳＴＥＰ１で設計した**〝わたし〟という商品に「商品力」をつけるには、具体的に何をすればいいのか？**というお話をしていきたいと思います。

「商品ではなく、自分を売る」ことが重要。

これは、ＤｅＮＡでビッダーズの営業をしていた頃の実体験から確信したことでした。

序章でも触れましたが、ビッダーズは個人事業主をターゲットにしたEC事業です。最初は手当たり次第に電話をかけて営業するのですが、そう簡単に買ってもらえるわけではありません。

そこで私が実践したのが、商品を売る前に、まずは相手の話を聞いて仲良くなることでした。

その人がどんな人なのか知るために、「どうしてこの仕事を始めようと思ったんですか?」といった質問から始め、生活スタイルやバックグラウンドについても聞くようにしました。

個人事業主は一人で仕事をしている人が多いため、営業担当というよりも「話し相手」になることを意識。時にはグチに長時間付き合うこともありました。

同じ人と何度も電話していると、どの時間帯に電話するのが効果的か、今どういうところに不安を抱えているのか、ということがわかってきます。

ターゲットを絞って相手に合わせて話をすることで、だんだん信用してもらえるようになっていきました。そして、最終的には「成井さんから買いたい」と思ってもらえたのです。

私は一人一人と密なコミュニケーションを取ることで、目標金額を達成していったのでした。

この手法で売れる広告枠は、金額も高くなります。大勢に電話をかけ、苦労しながら少額ずつ売るよりも、はるかに効率がいい。

そこから、私は**「自分を売れれば、どんなモノでも売れるようになる」**、と確信したのです。

こうして築いた信頼関係や方法論は、自分の糧になります。売る商品や自分の仕事が変わっても、自分自身に残るのです。

だからこそ、まずは自分を魅力的な商品にすることが大事。

あなたは、売る商品や仕事が変わっても、相手に必要とされる存在になれていますか？

モノやサービスではなく、それを売る自分を好きになってもらうこと。

そういう自分を自己プロデュースしていきましょう！

「あなたから買いたい」と言ってもらえるお客様を作る

顧客基盤ゼロからのスタート

しかし、トレンダーズに転職したばかりの私は、まさにゼロからのスタートでした。DeNA時代はビッダーズやモバゲーといった看板商品がありましたが、トレンダーズはソーシャルメディアを使ったプロモーションを軸にしたPR会社。同じ営業といっても、扱う商品の性質がまったく違うのです。

トレンダーズはブロガーによるインフルエンサーマーケティングを主な事業としていましたが、それ以外にも、自分で企画したPR戦略を提案し、新規クライアントを開拓してもいいという営業スタイルでした。私にとっては今まで経験したことのない、自由度の高い業務です。

自由と言うと聞こえはいいのですが、他のPR会社と提案する企画の性質は同じなので、差別化が難しいという側面も。トレンダーズでの顧客基盤がゼロの私は、1日に50件のテレアポをする、というところから始めました。

まずは30人の営業部で成績トップになる。

当面の目標を決めると、テレアポの他にもできることはないか考え、DeNA時代に築いた人脈をたどって営業先を紹介してもらったりしていました。

私が掲げた目標は、月間売上300万～500万円の受注をとることでした。

当時のトレンダーズの主力商品は、ブロガーによる口コミ。例えばクライアントが化粧品メーカーだとしたら、ブロガーに化粧品サンプルを送付し、使用後の口コミ記事を書き込んでもらうというPR戦略でした。

受注単価は1件100万円程度なので、月に3～5件の受注をしないと目標金額には達しない計算になります。

顧客基盤ゼロの私が、企画提案から受注に成功する確率を10％とすれば、月に30～50件の企画を提案しなければなりません。これは、並大抵の努力では届かない数でした。

「人並み以上の生活をしたいなら、人並み以上の成果を出して当たり前だよね」

ちょうどこの頃、好きだった人にこんなことを言われました。

彼は12歳上の経営者。４つもの会社を経営し、私がそれまで見たこともなかったようなハイクラスな暮らしをしている人でした。そんな彼が言うことには、とても説得力がありました。

彼はこの生活を手に入れるまでに、どれほどの努力をしてきたんだろう。私も起業して人並み以上になりたい！

でも、そのためには人並み以上の成果を出さなければ。今まで以上に、もっともっと努力しないといけないいんだ。そんな気づきをもらいました。

今まで通りにやっていては、自分で設定した期限までに目標を達成できないかもしれない。ということは、**今まで以上にスピード感を持ち、目標を達成できる仕事のやり方に変えなければいけない**。

私は転職を機に、自分の仕事の仕方を徹底的に見直すことにしました。

ここからは、**自分を人並み以上の商品にするために、私は何をし、どのように自分に自信をつけていったのか？** というお話をしていきたいと思います。

◇○○と言ったら、私！　必殺技がないヒロインはいない

「人生のシナリオ」を完成させた私が次にしたのは、**自分の強みを明確にして、さらに磨くこと**でした。

大学時代から起業という夢に向かって頑張ってきた私は、コミュニケーション能力と実行力という自分の強みを見つけ、かなり自信も持っていました。

でも、それだけではダメだったんです。「東大生に勝つ」という目標も達成できなければ、望むようなキャリアを手に入れることもできなかった。それどころか、減給処分になるほどの失敗をしてしまいました。

私のどこがダメなんだろう？
どうすれば、誰にも負けない強みが作れるんだろう？
考えた私は、改めて自己分析をしてみることにしました。初心に返って、就活を始めたばかりの学生のように。

まずは、自分の長所と短所を書き出してみました。

長所

▼コミュニケーションスキル
↓どんなものでも売って、お金を引っ張ってくる自信がある。DeNA時代に営業で月間MVPを獲ったという実績もあり。

▼実行力
↓直感的に筋の良いゴールを見つけ、必要なパーツを集めて短期で結果を出すことができる。

コミュニケーション能力と実行力が長所ということには変わりないのですが、それを仕事でどう活かせるのか、というところまで考えてみました。
その結果、私はコミュニケーション能力を活かして「売る」ことができ、実行力を活かして「短期で結果を出す」ことができる人間なんだと、自信を持って言えるようになりました。

それから、これまではあまり考えることがなかった短所についても書きました。

短所

- 数値管理や細かい作業が苦手。詰めが甘く、細かいミスをたくさんしてしまう
- じっくり考えて論理的に答えが出せない

DeNA時代に提案書に記載した想定効果の試算が甘く、トラブルを起こすことになってしまったのも、この短所が原因でした。

こうして長所と短所を確認してみると、自分がすべきことが見えてきました。短所を改善するよりも、長所を磨いて、自分の「代名詞」と呼べるようなレベルにまで持っていったほうがいい。そのほうが現実的にできそうだし、起業という目標を達成する上でもメリットがある。そう思ったのです。

マイナスをゼロにする作業よりも、1を10にする作業のほうが楽しいし、モチベーションも上がりますよね。結果として、長所を伸ばすほうが実現できる可能性が高い。私

はそう考えています。

そして、目標が明確であればあるほど、やる気が出るので、よりスピード感を持って強みを作ることができる。だから、**長所から自分の強みを見つけ、それをとことん伸ばすこと**をオススメします。

私の場合は、「営業といったら成井」と、同じ業界で働く人に認識されるような存在になろうと思っていました。セーラームーンといったら「ムーン・ティアラ・アクション」というように、代名詞となる必殺技を作るイメージです。持ち前のコミュニケーション能力と実行力を「営業スキル」として磨きあげ、「営業」を自分の代名詞にしてしまおうと思ったのです。

自己分析をしてみても、自分の長所や強みがわからない、という人もいるかもしれません。人の良いところはわかっても、自分のこととなると、なかなか見えなかったりしますよね。

そんな時は、会社の上司や親、友人、パートナーに聞いてみましょう。

ちょっと勇気がいるかもしれませんが、**「私の魅力ってどこだと思う？」**と聞いてみると、自分では意識していなかったポイントを教えてもらえたりするのです。

私自身も、DeNAに入社できた理由を人事に教えてもらえたので、あらためて自分の強みについて知ることができました。

学力では合格ラインに達することはできなかったけれど、それをカバーできるくらいのコミュニケーション能力がある。そう南場さんが認めてくださったのだから、その長所を伸ばして自分の強みにしよう！　と思えたのです。

人から見たあなたの長所がわかったら、それを強みにしましょう。

そして、**長所をどんどん磨いて、あなたの代名詞を作っていく**のです。

- **自分の長所と短所を書き出す**
- **上司・友人・恋人に自分の長所を聞く**
- **「○○といったら私」と自分の代名詞になるような長所を一つ極める**

毎日のタスクで自信をつける

トレンダーズ入社後、私は当時の取締役の松本洋介さんの営業チームに配属されました。

松本さんは、取締役という立場にありながら、自分で営業チームを持っていました。役員会に出席するなど、人一倍会議や訪問も多いのに、誰よりも目標数値をコミットし、数字も達成しています。

そんな彼の働き方を目の当たりにし、私は営業しか任されていないんだから、まずは与えられた目の前の仕事をしっかりこなさなければ、と思いました。

そして、そんな松本さんの右腕を担っていたのが、当時私の直属の上司だったマネージャーの豊田さん。彼女は自分の目標金額をきちんと達成しつつ、チームの数字も管理していました。

ミスが少なく、いつも完璧に仕事をこなしている豊田さんの自己管理能力はすごい。どうしたら、すべての仕事をこんなにきちんとこなせるんだろう？

豊田さんのようになりたいと思いながら、彼女の仕事ぶりを見ていると、毎朝タスクを整理して、ノートにまとめていることに気づきました。

出社したらまず、**ノートにその日やるべきタスクを書き出し、終わったら線を引いて消していく**のです。

私は豊田さんのやり方に少しアレンジを加え、早速実践してみることにしました。

具体的には、こんな感じです。

タスクの書き出し方

- **その日にやるべきタスクを書き出す**
- **タスクを優先順位の高いものと低いものに分ける**
- **優先順位が低いものの中でも、頭を使う作業と使わない作業に分ける**
- **各タスクの時間配分を考える**
- **30分毎に時間を区切り、何時に何をするか決めて、一日のスケジュールを組む**

私は営業で外出が多かったため、移動時間や隙間時間にやることも書いていました。

例えば、A社からB社への電車移動中にメールを返す。打ち合わせと打ち合わせの間の空き時間に、この資料を読む。上司がSNSでポストしていた記事を読む、など。一日のタスクすべてが終わるまで帰らない、ということも決めていました。

この効果は絶大でした。**やることを細かく設定しておくことで、無駄な時間がなくなり、一日にこなせるタスクの量が格段に増えた**のです。さらに、使う時間や自分の行動に対して目的意識、コスト意識を持てるようにもなりました。

一見、地味な作業に思えますが、人間って「必ずやる」と決めておかないと、ついついボーッと時間を過ごしてしまうものですよね。隙間時間なんて、とくに無駄にしてしまいがち。

私のように、自分は怠惰な人間だという自覚がある人には、この方法はとてもオススメです。

タスクを積み重ねて、毎日しっかりやり遂げる。これは「毎日、これだけのことを着実にこなしているから大丈夫」という自信にも繋がります。

そして、ここでついた自信は、「根拠のない自信」とは違います。**毎日の積み重ねに裏付けされた「根拠のある自信」**になるのです。

何者かになりたい。そう思っている人は多いと思います。同年代で目立った活躍をしている人がいると、焦りを感じますよね。

私にとっては、当時同じくトレンダーズに在籍していた、はあちゅうさんがその対象でした。彼女は学生時代から自分のやりたいことを実践していて、世間にも注目されている。私はどうして彼女のようになれないいんだろう。同年代のはあちゅうさんには、大学生の頃から嫉妬もないまぜになった憧れを抱いていました。

でも、ある時、気づいたんです。

何者かになれないのなら、まずは目の前のことを一つ一つ、着実にこなすこと。そうして、**自分自身で「何者かになるための材料」を作ればいいんだ**、と。

私は日々、自分で決めたタスクをやり遂げることで、なりたい自分に近づいていきました。田舎出身、女子大卒、ダメＯＬの私が何者かになるためには、こうして地道に実績を作って、自信をつけるしかなかったんです。

私はトレンダーズの営業時代、7ヵ月連続で売上目標金額を達成するという前人未到の好成績を収めたのですが、これも日々のタスクを書き出していたからだと思います。

一日に50件のテレアポを行う、一日に3件以上訪問営業を行う、1000万円以上の受注が見込める大型コンペに月3件以上参加するなど、細かくタスクを挙げ、それを順番にこなしていったからこそできたことでした。

自分が設定した目標を確実に達成するためにも、ぜひ試してみてください。

- ☑ 一日のはじめにタスクを書き出し、スケジュールを決める
- ☑ 優先順位が低く、頭を使わないタスクを隙間時間に当てる
- ☑ 毎日、自分との約束を守ることで自信をつける

SCHEDULE

8	新聞を読む
9	出社+メールチェック
10–11	訪問（1）
12	ランチ
13–14	訪問（2）
15	移動中にメール返信
16–17	訪問（3）
18	部長に報告
19–20	提案書を作成
21–0	飲み会 イベント参加

TODO LIST

☑・優先度高い

例）△△株式会社の提案書作成（90分）

☑・優先度低い

例）チームで企画のアイディアを話し合う（30分）

頭を使わずにできるもの

例）資料を移動時間に読む

memo

◆スタートダッシュで信用貯金を貯める

トレンダーズに入社した始めの頃、意識していたことがあります。

それは、**上司の期待の倍以上の成果を出す**こと。

私は営業なので、月毎の売上目標金額が与えられます。その額の少なくとも1・5倍以上の成果は出したいと思っていたのです。

理由は、**最初に期待された以上の成果を出すと、信用貯金の貯蓄を増やすことができる**から。

新入社員や異動してきた人には、当然上司も期待しています。この人はどんな活躍をしてくれるんだろう、と期待しながら仕事を任せますよね。期待値はかなり高い状態からスタートします。

ここで、その期待にがっつり応えるのです。

「すごい新人が入ってきた」と思ってもらえれば、短期間で信用を得ることができ、その後も大きな仕事を任せてもらえるでしょう。

だから、入社、異動直後こそ、期待の倍以上の成果を出すべきなのです！

目標金額の達成以外にも、倍以上の成果を出す形はたくさんあります。

例えば、上司に依頼されそうなことを予測して、言われる前に終わらせて報告する。

企画書を2本出さなければいけないとしたら、4本出してみる、など。

つねに、上司が期待している一歩先を見るようにしておくのです。

私はトレンダーズ入社後の最初の3ヵ月間、死に物狂いで働きました。

前述した通り、月の売上目標金額を達成するためには、新規クライアントを開拓する必要がありました。しかし、大手化粧品メーカーは、すでに大事な顧客として先輩たちがしっかりと抱え込んでいるので、私が付け入る隙はありません。

それなら、知名度がまだ低い、新興・中小企業のブランドを攻めていくしかない。

そう考えた私はマツモトキヨシなどの大型ドラッグストアに通い詰め、陳列されている化粧品の販売元をひたすらメモしていきました。そうして集めたメーカー各社の名前をもとに、電話番号をネットで調べ、片っ端からアポイントを取っていったのです。

その結果、なんと目標数値達成率200％という成果を出すことができました。期待された2倍の成果を出した形です。

上司だけでなく、社内全体から「すごい人が入ってきた」と思われるようになりました。ゼロからスタートした信用貯金の貯蓄が、一気に100万円になったようなイメージでしょうか。


すると、こんなことが起きました。

「成井は数字を取ってくるから、多少のミスがあっても周りでサポートしてあげよう」

そんな空気が社内にできていったのです。

数値管理など細かい事務作業が苦手、という私の短所を、周りの人たちがカバーしてくれる。おかげで、その後の仕事はとてもやりやすくなりました。

そう、最初に信用貯金の貯蓄を増やしておけば、短所さえも補えるのです。

転職・異動直後こそ、上司の期待には倍返し！

あなたの得意なことで、信用貯金を積み立てておきましょう。

☑ つねに期待の倍返しをする気概で仕事に取り組む
☑ 転職・異動の直後こそ、スタートダッシュが肝心！　ノルマ以上の成果を出す

1回の年間MVPより、3回の月間MVPを狙う

夢を叶えるためには、そこに近づくための目標を設定することが大事、というお話はすでにしました。

日々の業務でも目標を設定している人が多いと思いますが、その時に意識してほしいことがあります。

それは、**目標は短期で設定し、1位を獲る機会を増やすこと**。

目指すべきは、**1回の〝年間〟MVPより、3回の〝月間〟MVP**なんです！

理由は2つあります。

1つは、**「周りに褒められる機会を増やす」**ことができる。

例えば、年間MVPを獲ることを目標にしてしまうと、褒められるのは年に一度だけです。でも、月間MVPを目標にしておくと、最大で年に12回も褒められる機会があるんです。

褒められて嫌な思いをする人はいないですよね。むしろ、嬉しいし、次もまた頑張ろ

うと思うはず。

私はトレンダーズ時代、7ヵ月連続で営業の目標金額を達成したことで、月間MVPを3度受賞したのですが、その事実が大きなモチベーションになっていました。褒められる機会が多いということは、それだけ自信に繋がるということ。周りに認められれば、どんどん自信がついて、それがまたいい仕事を生むのです。

もう1つの理由は、**「周囲に活躍している人と印象づける」**ことができる。これは単純な話です。社内にいつも成績が優秀な人がいたら、目立ちますよね。周りから「仕事ができる人」と認識され、一目置かれるはず。その認識があるおかげで仕事がしやすくなる、という側面もあるのです。

私はよく仕事が雑だと、社内で指摘されていました。細かい事務作業は相変わらず苦手だったのです。

でも、「周囲に活躍している人と印象づける」ことで、その短所を補えたのです。「スタートダッシュで信用貯金を貯める」の項でもお伝えした、信用貯金の貯蓄を増やしておく方法の一つです。

毎月成果を出し続けていると、周りの認識は「あの人はとにかく数字を取ってくるから、少しくらい雑なところがあっても大目に見よう」という風に変わります。多少の欠点は問題視されなくなるのです。

自分が働きやすい環境を作るためにも、短期の目標を達成する機会を増やすことを意識しましょう。

それから、私はSNSを使って、社外に向けても同じことをしていました。

何か賞を獲ったり表彰されたりしたら、それがたとえどんなに小さな賞であっても、フェイスブックにアップしていたのです（SNSを使ったセルフブランディング術については、STEP3で詳しく書きます）。

そうして実績をアピールしていると、フェイスブックで繋がっている人に「トレンダーズでめちゃくちゃ活躍している人」と思われるようになりました。

久しぶりに友人や元同僚たちに会うと、「五久実、トレンダーズに転職してからすごい活躍してるよね。営業の才能があるんだね」なんて言われていました。

営業として活躍している印象を作ったことで、「こんな副業をしませんか?」というお誘いも舞い込んでくるように。「営業といったら成井」という代名詞を作りたいと思っていた私ですが、ついにその目標を達成することができたのです。

自分の強みを周りにアピールするという意味でも、1位を獲る機会は多いに越したことはありません。

目標を小刻みに設定し、それを達成することで活躍しているイメージを作る。これは、「自分に商品力をつける」ために欠かせないポイントです。

社内に向けても社外に向けても、ムーブメントは自分で作っていきましょう。「活躍してる私」を自己プロデュースしてしまえばいいんです。

- **毎月、月間のMVPを狙う**
- **仕事の成果をSNSに投稿する**

◆顧客に「自分に一番利益の出ない提案」をする

冒頭で、「商品ではなく、自分を売る」ことが大事だというお話をしました。

私はＤｅＮＡ時代にもこの方法で成果を出してきたのですが、それは会社で扱っている商品が圧倒的に強かったからこそできたこと、という面もありました。

モバゲーのタイアップ広告を担当していた頃は、とくに営業をしなくても広告枠を買いたいクライアントがいる状態。私は営業担当として情報整理をするだけでよかったのです。

つまり、私じゃなくても売れていた、ということ。

商品の魅力が強い会社にいる場合は注意が必要です。営業成績がいいと「私はできる営業」だと勘違いしてしまいがちですが、それは自分の力ではない可能性があるのです。

では、圧倒的に強い商品がない会社にいる場合は、どうすればいいのでしょうか？

トレンダーズの営業になった私は、どのように実績を作っていったのか？

答えは、今まで以上に、戦略的に「自分を売る」ことでした。

自分を売ることで、顧客を自分のファンにしていったのです。

「クオーターで2000万円の利益を出す」という新規事業部への異動条件を満たすためには、まずは1ヵ月の目標金額を決める必要があります。単純計算して、660万円以上は欲しいところ。目標金額は700万円以上に設定しました。

次にやるべきは、目標金額を達成するために必要な「顧客リスト」を作ること。700万円出してくれる会社はどこだろう？　と考えながらリストを作るのです。

ここでも、目標達成のために必要な要素を分解していくイメージで行います。

営業相手が絞れたら、今度はアポを取ります。既存の顧客には再訪問のアポを、新規の顧客に対してはテレアポから始めました。

そして、次が大事。相手に会うことができたら、**いきなり商品の売り込みをしてはいけません。まずは人対人の付き合いをする**のです。

これはビッダーズの営業時代にもやっていたことですが、相手が個人事業主から企業に変わっても、このスタンスは変えませんでした。

具体的には、現状のヒアリングから始めること。

今、相手企業はどんな商品を売り出したいと思っていて、そのためにはどんなことが必要、あるいは足りないと思っているのか、という点を聞くのです。

それから、もう一歩踏み込んで、その担当者の社内での立場についても探ってみましょう。**どんな業務成果を出せれば、その人が社内で評価されるか？**というところまで考えるのです。

その人が評価されるような企画を、こちらが提案できたらベスト。自分も相手も幸せになれるようなｗｉｎ‐ｗｉｎの関係を築けると、強い信頼関係が生まれるのです。

例えば、化粧品メーカーにソーシャルメディアとのタイアップ広告の提案をした時は、与えられた予算を使ってどうユーザーにリーチするか、ということを軸に考えました。メーカーが重視しているポイントが、ユーザーへの接触率と購入率だったからです。

そこから予算や売り出したい時期、売り出したい商品のヒアリングをしながら、最も効果のある提案をしていきます。

この時、もう一つ考えていたことがあります。

それは、本当にトレンダーズの商品が相手にとってベストマッチなのか？　ということ。

とことん相手目線に立ち、相手にとってのメリットは何か考える。これは、**「自分を売る」上で、最も大切なポイント**です。

仕事をする時はつねに、自分が相手だったら、どういう選択がベストだと判断するかな、ということを考えてみましょう。

ある化粧品会社から、新商品のアイシャドウをＰＲするにあたり、トレンダーズの女性向けＷＥＢメディアに興味があるとお問い合わせをいただいたことがありました。

通常の営業手法なら、相手のリクエスト通り、粗利益も高い自社の広告を販売します。しかし、そのＷＥＢメディアは立ち上げから間もなく、ユーザー数が少ないという欠点がありました。

そこで私は、女性向けWEBメディアとして当時最大級だったMERYという媒体を紹介したのです。MERYは他社媒体なので、そこで広告枠を売っても、私の成績となる粗利益の額は自社の半分以下になってしまいます。

ところが、この企画が大当たり。多くのユーザーに新商品をPRすることができました。すると、喜んだクライアントは、年間契約で私に広告を発注したいと申し出てくれたのです。

1回きりの自社商品の受注ではなく、他社も含めた12回の受注を獲得して、結果的に多額の利益を得ることができたのです。さらに、アイシャドウ以外の商品のPR案件も、私に依頼が来るようになりました。

「この人は本当にうちのことを考えているからこそ、他社商品を提案してくれたんだ。この人なら信用できる」と思ってもらえたことで、そこから自社商品を売る機会も訪れました。

これも、「とことん相手目線に立つ」ことを徹底していたから。

誰かと仕事をする時には、この視点を意識してみてください。

☑顧客の社内評価が決まるポイントをヒアリングする
☑競合・他社商品に、自社より良いものがあるか調べる

◆顧客から指名される女になる

あなたの顧客は、あなたが会社を辞めてもついてきてくれますか？
顧客は、あなた自身についていますか？

自分を商品にするということは、顧客を自分のファンにする、ということ。

とことん相手目線に立ち、相手が求めているものを本質的に探り、それをきちんと提供する。それを続けることで、顧客はあなたの会社の商品ではなく、あなた自身のファンになってくれるのです。

こうして築いた信頼関係は長く続きます。
ずっと希望していた新規事業部への異動が決まった頃、お得意先だった大手化粧品メ

ーカーさんから「うちのマーケターになりませんか？」と引き抜きのお話をいただきました。

その会社はテレアポから始まり、定期的にリリースやブログとのタイアップ案件を発注していただいていたお客様。

最終的には、新商品のＰＲ全体のディレクションを依頼されるまでになっていました。社外の人間にもかかわらず、私に数千万円の予算を預けてくださり、他社の営業という枠を超えたお仕事をさせてもらっていたのです。

「成井さんの企画だからやりたい」

先方の部長さんにそう言っていただいた時は、涙が出るほど嬉しかった。私はここでようやく営業を極めた、と思えました。

私の企画だから一緒にやりたい。それは、会社の商品ではなく、私自身のファンになってくださったということ。**自分にしかできない仕事をしたから、私は自分を〝商品〟にすることができたんだ。**この瞬間、私はその実感を得られました。

そして、今の私なら、自分の力だけで、一人でも生きていけるかもしれない。そう思うようにもなりました。

営業を極め、実績も作れたことで、独立する勇気が持てるようになったのです。

今、あなたを信用してくれている取引先は、何社ありますか？

その会社の組織体制を知っていますか？

その人たちのミッションが何か、理解していますか？

他の担当者では務まらない、あなたにしかできない仕事をしていますか？

商品ではなく、自分を売るためには、これらを意識してみましょう。

どうせ同じ仕事をするなら、顧客を自分のファンにしたほうがいい。

ここで築いた信頼関係が、あなたの夢を叶える手助けをしてくれるかもしれないのです。

自分にしかできない仕事をする

◆ソーシャルスタイルで人間関係のストレスをなくす

顧客をファンにするためには、まず相手と仲良くなる必要があります。

でも、どうやって？　そう思いますよね。


私は「ソーシャルスタイル」という理論を参考にしていました。

ソーシャルスタイルとは、1968年にアメリカの産業心理学者デビッド・メリルが提唱した、人との関係性を円滑にするコミュニケーション理論のこと。

相手を自己主張と感情表現の度合いをもとに、4つのコミュニケーションタイプに分類し、適切なコミュニケーションを選択する、というものです。

つまり、相手のタイプに合わせたコミュニケーションをすることで、人間関係を円滑にする手法。このメソッドは、多くの大手企業の営業研修でも導入されています。

私はトレンダーズ時代の上司だった中村さんに教えてもらい、ソーシャルスタイルを意識するようになりました。

すると、社内の人間関係が良くなり、さらには取引先の担当者ともすぐに打ち解けられるように。その結果、営業成績もグンと伸びました。

では、具体的にどのように活用するのがいいのか？
ソーシャルスタイルの理論をもとに、最近の職場環境によくいそうな人物の特徴と絡めながら、ビジネスシーンで使えるコミュニケーション方法をお伝えします。

❶ 熱血キャリアタイプ
（エクスプレッシブ）

自己主張度 高

感情表現度 高

特徴
直感的に行動する、熱中しやすい、表現豊かで話し好き、目立ちたがり

このタイプの人は、自分の好きなことに熱中し、どんどん高いハードルに挑戦していきます。楽しい雰囲気を好み、周りを巻きこんでその気にさせるので、職場ではカリスマ的な存在になることも。

適切なコミュニケーション

感情的に動くタイプなので、理詰めで頭ごなしに否定してはダメ。基本的にテンションは高めに、「頑張ります！」などノリよく言葉を返すと喜ばれます。承認欲求が高いタイプなので、成果を褒めてあげるようにしましょう。

何かお願いをする時は、相手の今までの行動を一度承認すること。そうすると、快く聞いてもらえることが多いです。結論がコロコロ変わることもあるので、重要なことはその場で決めてしまうのがオススメ。

❷ クールなドS上司タイプ
（ドライビング）

自己主張度　高

感情表現度　低

特徴

冷静沈着、論理やデータを重視、競争心があり成果にこだわる

独立心が旺盛で、どんな場面でも明確なゴールに向かって、仕事を引っ張っていくのがこのタイプ。リスクを恐れず即決し、逆境に強い。説得なんかも得意です。ストレートな物言いをするので、相手に冷徹な印象を与えることも。

適切なコミュニケーション

時間の浪費を嫌うので、結論から先に話すことが大切。とはいえ、論理的な思考を好むので、その結論に至ったプロセスもきちんと伝えること。

相手を突き放したり、プレッシャーをかけたりといった冷たい面があるので、自己主張度の低い③や④のタイプは意見が言いにくいことも。ストレスを溜め込む前に、きちんと自分の意見をプロセスと合わせて相手に伝えましょう。

③ 和み系サポートタイプ
（エミアブル）

自己主張度　低

感情表現度　高

特徴

親しみやすい、世話好きで協力的、相手の意見を受け入れる

いつも笑顔で世話好き、聞き上手で場を和ませてくれるのがこのタイプ。ニコニコしているサポート系のイメージです。周りの意見を尊重し、忍耐強くもあるこのタイプは、縁の下の力持ち。個人よりもチームとして動くのが得意です。自分の評判を気にして動く、リスク回避型でもあります。

適切なコミュニケーション

基本的に協力的で、相手に意見を合わせるのが得意なので、コミュニケーションに苦労することはあまりありません。でも、それが本当に真意なのか探る必要があります。

なかなか意見が言い出せなかったり、一人では決断しづらい人でもあるので、結論が欲しい場合は「何かお手伝いしますか？」と聞き、相談に乗ってあげましょう。

❹ エンジニアタイプ
（アナリティカル）

自己主張度　低

感情表現度　低

特徴

控えめで堅苦しく見える、慎重で粘り強い、決定に時間をかける

論理的な思考を好み、客観的な合理性や整合性を重視。完璧主義で堅実型のプロフェッショナルタイプです。イメージは、いつも無口で黙々とコーディングしているエンジニア。トラブルを未然に防いでくれるため、このタイプがチームにいるとプロジェクトの成功率が高くなります。

適切なコミュニケーション

意見を言わず、感情表現が乏しいので、一番コミュニケーションが取りにくいタイプと言ってもいいかもしれません。論理的な思考を好むので、何か決断してほしい場合は、データや資料をたくさん提示するのがオススメ。決断には慎重なため、時間がかかります。急かさず、デッドラインを握った上で待つようにしましょう。

・苦手だなと直感で感じる人ほど、自分のタイプとは真逆!?

あなたはどのタイプに当てはまりましたか？

そして、どのタイプの人が苦手だな、と思いましたか？

４象限で見た時に、自分と対角線上にいるタイプとのコミュニケーションが苦手だと感じた人が多いのではないでしょうか。自分と一番相反するタイプなので、苦手意識を持ちやすいんですよね。


私は①の「熱血キャリアタイプ」ですが、やっぱり④の「エンジニアタイプ」が苦手だったりします。

営業先で「エンジニアタイプ」の男性が出てきた時のこと。相手が資料をじっくりと読み込み、沈黙の時間が長く続きました。

でも、私はその場で商品に対する評価や結論が欲しいタイプ。途中で耐えられなくなり、結論を聞き出そうと焦って話しすぎ、空回りしてしまったことがありました。当然、商談もうまくいきませんでした。

後日、また同じタイプの相手と商談する機会がありました。

今回は前回の反省を踏まえ、ソーシャルスタイルに当てはめて対応を考えることに。

この人は「エンジニアタイプ」だから、今は評価を下すための根拠やデータをたくさん伝えたほうがいいかも、と発想の転換をし、結論は後日メールでもらうようにしました。

1週間後、商品購入の判断を期日までに出すために、追加でこういうデータが欲しいと連絡がありました。相手の質問に丁寧に返した結果、無事受注に成功。

相手のタイプに合わせて適切なコミュニケーションを取ったことで、商談がうまくいったのです。

相手をソーシャルスタイルのタイプに当てはめて考え、一呼吸置いてからコミュニケーションを取る。この手法を知ってからは、以前よりもずっと商談が楽になりました。

仮説でもいいので、「この人はこのタイプだから、こう伝えたほうがいいのかな」と考えながら相手と接してみましょう。

相手に合わせて適切なコミュニケーションを取れれば、ぐっと距離が縮まります。そうして仲良くなることで、顧客を自分のファンにしていくのです。

・4タイプ全員がチームにいると、プロジェクトがうまくいく！

社内のチームに4つのタイプが満遍なくいると、それぞれの強みと弱みが補完でき、最強のチームになれると言われています。

あなたの周りには、どんなタイプがいますか？

自分と似た性格の人とだけ、一緒に仕事をしていませんか？

企業活動において、自分と違うタイプの人がいると、摩擦も生まれやすくなります。同じタイプの人が揃っているほうが楽なのは確かでしょう。

でも、違うタイプの人がいると、自分では思いつかないような新しいアイディアが出てくることもあります。だから、４つのタイプがいて、それぞれ補完し合えれば、より大きな成果に結びつきやすくなるのです。

あえて、**苦手な人と仕事をする勇気を持ちましょう！**

ソーシャルスタイルは仕事相手に限らず、誰とでも仲良くなれるコミュニケーション理論。ぜひ、飲み会や、あなたの憧れのキャリアを持っている人と会う時にも活用してみてください。

より多くの人脈を築くには、誰とでも仲良くなれる人であることが大事。

この手法を使ってコミュニケーションスキルを磨き、どんどん味方を増やしていきましょう！

- ☑ **自分と職場の人のソーシャルスタイルを診断してみる**
- ☑ **最後は女優になったつもりで！　苦手な人とも進んでコミュニケーションをとる**

最後の砦意識を持って仕事する

トレンダーズの営業として、とにかく成果を出そうと必死になっていた頃、私の意識を大きく変える出来事がありました。

ある化粧品メーカーの新商品のＰＲ案件を受注した私。その後は、様々な女性向けメディアに拡散するためのプランを、プランナーに考えてもらうという流れです。この時は、トレンダーズのプランナーである木本さんに依頼資料を出しました。

すると、それを見た木本さんが一言。

「成井、資料適当に作ったでしょ？」

……図星でした。

その資料は、ミーティングの開始1時間前に大急ぎで作ったもの。内容が詰め切れていない上に、誤字脱字が目立つという、完成度がとても低い資料だったのです。

木本さんの企画書はいつも綺麗で見やすく、完成度が高い。

タイトル、提案概要、提案詳細、見積もりが明確で、「1スライドに1メッセージ」という基本も徹底されていました。

誤字脱字はもちろんなく、企画内容も毎回クライアントの目的に沿った、ユニークな提案が盛り込まれている。一目見て、こだわり抜いて作ったもの、ということがわかるような企画書でした。

そんな木本さんには、私が作った雑な資料が許せなかったのでしょう。

続いて、こんなことも言われました。

「俺が携わるからには、適当な企画にしたくないんだよね。俺、これ降りてもいい？」

当時の私は、目標金額の倍の成果を出すため、案件の数を稼ぐことに全力を尽くしていました。でもその分、一つ一つの企画のクオリティーは低いものになってしまっていたのです。

私は受注するのが仕事だから、企画はプランナーに考えてもらえばいいや。少々粗い資料でも、木本さんがちゃんとした企画書にしてくれるはず。そんな甘えもありました。

自分のクライアントなのに、肝心の企画は他人任せ。木本さんのチェックとテコ入れを前提とした資料を作成していた。その事実に、私は猛反省することになりました。

この時、私はある言葉を思い出しました。

「最後の砦意識を持つ」

これは、DeNA社員の行動規範を記した「DeNAクオリティ」の中にあった言葉です（現在は変更されているようです）。

「最後の砦意識を持つ」とは、自分がこの仕事の最終責任者であるという自覚を持つこと。つまり、つねに「誰かのチェックを前提としない」仕事をする、ということです。

この言葉が好きだった私は、仕事をする上でも意識していたつもりでした。

それなのに、実際にはできていなかったことに気づかされたのです。

DeNA時代を振り返ってみても、クライアントへのレポートの数字を毎回間違えたり、メールのレスも遅かったり、タスクが残っていても明日やればいいか、と帰ってしまったり……。ずいぶん中途半端な仕事の仕方をしていました。

目標ばかり高くて、基本ができていなかったのです。

木本さんと一緒に仕事をして、改めてそのことに気づきました。

ここから私は、自分の仕事に「最後の砦意識を持とう」と決めました。

いくら高い目標を掲げていても、基本ができていなければ、その目標は達成できません。誰かのチェックを前提として仕事をしているうちは、望むキャリアなんか手に入らないのです。


あなたは自分の仕事に最後の砦意識を持てていますか？

メールはすぐに返す、ビジネス文書で誤字脱字をしないなど、基本的なことを疎《おろそ》かにしていませんか？


小さなことと思われるかもしれませんが、ここを侮っていてはビジネスマンとして信用されません。


夢を叶えたいなら、まずは誰かのチェックを前提としない仕事をすること。

もし、今できていないことがあったら、基本の徹底から始めましょう。それができて初めて、自分の仕事に自信が持てるようになります。

自信をつけられれば、どんな人とでも堂々と、ビジネスの場で渡り合えるようになりますよ。

「自分が関わるからには完璧にやってやる！」どんな仕事にもプロ意識を持つ

社長になったつもりで働く

最後の砦意識を持って仕事ができるようになったら、ここでもちょっと背伸びをしてみましょう。

誰かのチェックを前提としないということは、自分が最終責任者だということ。つまり、会社組織で言えば社長の役割ですよね。

自分が会社の社長だとしたら、どのように考えて動くかな？と考えてみるのです。

「3ヵ月で2000万円の利益を出す」という条件を達成し、念願の新規事業部に異動した私は、「Ａｎｎｙ」というＷＥＢメディアを立ち上げました。プレゼントやギフト情報を提供するサービスです。

エバンジェリストという役職をもらい、「Ａｎｎｙ」を普及させる役割を担っていたのですが、この頃に意識していたのは、「私がこの部門の代表だとしたら？」ということ。

社長になったつもりで、事業に携わるようにしたのです。

会社に言われたことだけをこなす「社員の目線」から、「経営層の目線」に変えて仕事をする。すると、世界が大きく広がります。これまで見えていなかったものが見えるようになるのです。


例えば、一つの事業を運営するには、どのくらいお金がかかるのか？

社長であれば、コストの管理は避けて通れませんよね。

私はここで初めてＰＬ（損益計算書）を見る、ということをしてみました。すると、家賃・人件費・制作費など、運営するにはこんなにもお金がかかるんだ、ということがわかりました。

コスト意識を持つと、今度は無駄なコストを省くための提案ができるように。社長の視点を持つことで、それまでには思いつきもしなかった仕事ができるようになるのです。

さらに、自分が社長だと思い込むことで、人間関係をポジティブに捉えられるようにもなりました。

例えば、「事業部長」は必要な予算を提供してくれる投資家だと考える。「自分のミスを指摘してくる元上司」は、自分の事業を細かくチェックしてくれる社外取締役。「意見が合わない同僚」は、自分の会社に足りない要素を持ったライバル企業。

そう捉えてみると、**苦手だと思っていた人も、実は自分を成長させてくれるありがたい存在。みんなが自分の応援団であるかのように思えた**のです。

その結果、「いつもありがとうございます」と周りに感謝しながら仕事をすることができるようになりました。

あなたが携わっているビジネスには、どれくらいのコストがかかっていますか？

あなたが社長だったら、事業を加速させるためには何が必要だと思いますか？

社長になったつもりで考え、実行してみましょう！

☑ 自分の働く部署のＰＬ（損益計算書）を見てみる
☑ 自分が社長だったら、今のプロジェクトをどう改善するか考えてみる

◇週に一度の伊勢丹が私を綺麗にする

目標を達成しようと頑張っていても、つねにうまくいくわけではありません。

女性は生理もあるし、わけもなくイライラする日だってあります。毎日同じモチベーション、同じテンションで頑張り続けるなんて無理ですよね。

私も、辛くて投げ出したくなったり、起業の夢をあきらめようと思ったことは、一度や二度ではありません。


自分のモチベーションを維持するには、どうすればいいのでしょうか？

私がオススメするのは、**自分へのご褒美を細かく設定しておくこと**です。

毎週のＴｏＤｏをやりきったら、自分にご褒美をあげる。「今週もよく頑張ったね」

と、自分で自分を褒めてあげるのです。

私の場合は、週に一度、伊勢丹で好きな服を買うことをご褒美にしていました。毎月5万円くらいは洋服に費やしていたと思います。

当時の私の月収からすると、5万円はなかなか痛い出費。でも、少し背伸びをして自己投資していました。綺麗な女性になって、自分に自信をつけたかったのです。

これは、ストレス解消法としても大きな効果がありました。買い物をしながら、「この服と手持ちの服を合わせたら絶対可愛い！　これを着て、どこに行こうかな?」と考えていると、嫌なことも忘れられたのです。

それから、好きな服を着て出社し、「その服、可愛いね」と言われると、テンションが上がります。女子はトレンドに敏感なので、新しい服を着ていると、褒めてくれるんですよね。おかげで、自然と仕事にもやる気が出ました。

彼とデートをする。旅行に行く。

エステのコースを予約する。高級旅館に泊まる。

なんでもいいです。**週に一度、自分にご褒美をあげましょう。**

そうして週末に気持ちをリセットしておくと、また次の1週間を楽しく乗り切れるのです。

でも、週末のご褒美までどうしても持ちそうにない、という時もあると思います。

明日の会議に間に合うように資料を作らなきゃいけないけど、一人で深夜残業をするのは辛すぎる……なんてこともありますよね。

私はそんな時のために、**自分のモチベーションが上がる応援歌**を決めていました。

よく聴いていたのは、大事MANブラザーズバンドの「それが大事」。

深夜に一人で会社に残って、終わりの見えない作業をしていると、時には泣きそうになることもあります。

でも、心細い時に「負けない事・投げ出さない事・逃げ出さない事・信じ抜く事　駄目になりそうな時　それが一番大事」という歌詞を聴くと、「そうだ！　負けちゃダメだ！」と思えたんです。

この曲を聴くと今でも、頭をブンブン振り回しながら、テンションを上げて資料を作っていた当時を思い出します。

心が挫けそうになった時のために、応援歌を用意しておくのもオススメ。モチベーションをうまく自家発電して、自分を立て直しましょう！

- ☑ **週に1回、自分にご褒美をあげる**
- ☑ **自分の応援歌を集めたプレイリストを作成する**

STEP
3
〝わたし〟のファンをつくる

愛される女になるコミュニケーション術で自分の応援団を作る

誰からも愛される「愛人力」で人脈を作る

STEP2では、自分を〝商品〟にするには、具体的にどうすればいいのか、ということをお伝えしました。

ビジネスシーンで実績を作り、自分の商品としての基礎力を上げる、ということについては、ご理解いただけたかと思います。

STEP3でお伝えするのは、**商品として売り出せる状態になった〝わたし〟を、さらに多くの人に欲しいと思ってもらうには、どうすればいいのか？**　ということについて。

自分という商品のブランド価値を上げ、ファンを作る方法について、ご紹介していきたいと思います。

そのために私が必要だと思うのは、**周りに愛されて、サポートしてもらう力。「愛人力」**と言ってもいいかもしれません。

誤解のないように補足しておくと、ここで言う「愛人」とは、同性異性問わず、みんなから愛される人のこと。成功者は皆、少なからずこの力を持っていると思います。

「シャネル」の創業者、ココ・シャネルだって、キャバレーで出会った常連客の愛人となり、当時の恋人からの出資で店舗を作り、上流階級までのし上がったと言われています。

誰からも愛される人になれれば、多くの人脈を築くことができる。そうすれば、多くの人が様々な形でサポートしてくれるようになる。

だから、誰からも愛される「愛人力」を身に着けたほうがいいのです。

ＳＴＥＰ１でご紹介した「成功するための三種の神器」の最後のポイント、③は**「自分の夢を一緒に叶えてくれる応援団を作る」**。

これは夢を叶えるために欠かせない、とても重要な要素です。

私自身、多くの人のサポートなしには、起業という目標を達成することはできませんでした。最終的には人脈がすべてだった、と言っても過言ではありません。

目標を達成するために必要なノウハウは、その道の成功者に聞いてしまう。私はこれが一番の近道だと思っています。

自分で一から学ぶことももちろん否定はしませんが、それだと時間がかかりすぎます。短期間で達成すべき目標がいくつもあるのに、一つ一つのノウハウの習得にそこまでの時間はかけられませんよね。

だから、あなたが望むキャリアをすでに持っている人に教えてもらうのです。

そう、**人脈を作る一番のメリットは、ノウハウや情報を効率的に集められること**。そのために、**多くの人と出会い、味方を増やすこと**が大事なのです。

私は、これまでどのように人脈を作り、周りをサポーターにしてきたのか？

ここからは、私が長年かかって築きあげた人脈形成術について、公開していこうと思います。

誰からも愛される人を目指す

飲み会は夜の第二営業時間

まず、人脈を作りたいと思ったら、とにかく飲み会やイベントに参加することです。それも、尊敬できる人や、自分が狙っているキャリアを持つ人、同じ夢や志を持った人たちが集まる場所に行くことが大事。

なぜなら、**優秀な人たちと同じ環境に身を置くことで、自分も成長できる**から。

私の場合は、ＤｅＮＡ時代からＩＴや広告業界の人たち、起業したいと思っている人たちが集まる飲み会に毎日参加していました。

ＳＨＯＷＲＯＯＭを立ち上げた前田裕二君など、レベルの高い同期たちとも積極的に交流し、彼らが考えていることをつねに確認していました。

ビジネスの場とは違い、お酒が入る飲み会では、学歴や社内での立ち位置など関係なく仲良くなれる、というメリットがあります。普段はなかなか会うことができないような社長とも、ざっくばらんに話せたりします。

少し背伸びをしてそういう飲み会に参加し、その場で怖じ気づかずに自分の夢を語ってみましょう。

すると、それを聞いた参加者が「じゃあ、こういう人がいるから会ってみる?」と、同じ志を持った人を紹介してくれたりするのです。

たくさんの飲み会に参加していたおかげで、私は同じ「起業」という夢を持った仲間を何人も見つけることができました。そして、彼らと「仲間」として飲むことで、起業に必要な情報が自然と集まるようになっていったのです。

仲良くなるには飲み会が一番。だから、飲み代はケチらず、多少無理をしてでも参加してください。

夜は第二営業稼働時間と捉え、仕事の一環として毎日飲み会に行くのです。

夢や狙うキャリアが決まっていない場合は、同じ趣味を持つ人が集まる飲み会でもいいと思います。

とにかく色んな人と繋がって、仲間を増やすことが大事。いつ、どこで、誰が味方になってくれるかはわからないのです。何かあった時に助けてくれる人を増やすために、できるだけ多くの人と出会っておきましょう。

- 週に2回以上飲み会に行く
- 自分と同じ夢を持つ仲間がいるコミュニティに入る

自分より綺麗な女友達を作る

尊敬できる人が集まる飲み会に参加したほうがいいのはわかったけれど、どうすれば仲良くなれるのかわからない。そう思った方もいると思います。

ノウハウはその道の成功者に聞くのがいいとお伝えしましたが、ただ飲んでいるだけでは、そう簡単に相手と親密になったり、自分の夢にプラスになる情報を教えてもらうことなんてできません。よっぽどの美人なら別ですが。

では、どうすればいいのか？

世の中は少なからず、ギブアンドテイクで成り立っています。つまり、**相手に何かを**

求めたいなら、自分も相手にとって価値のある何かを提供すればいいのです。

そうは言っても、実績やノウハウがないうちは、何も提供できるものがないですよね。相手が自分よりレベルが高い人たちであれば、なおさら難しい。

そんな時は、「この人がいると、飲み会が楽しくなる」と思われるような存在になることを目指すのです。

私は自分自身を「飲み会マスター」だと思っています！

仕事でもプライベートでも、人一倍飲み会に参加し、色んな人と仲良くなり、どんな飲み会も盛り上げてきたという自負があるから。

私が出席した飲み会では、つまらなかったと思う人が一人も出ないことを、つねに目指していました。

飲み会は仕事以外で、相手と親密になりやすい場所。そう、実は、自分の印象を良くするのに最適な場なのです。

飲み会で人に尽くし、エンターテイナーになっておくと、参加者に対して恩を売ることができます。参加した全員が「成井さんのおかげで楽しかった」と思ってくれれば、私は価値を提供できたことになる。

参加者全員の「飲み会に対する満足度」を高くすることが、私にできることだと思ったのです。


人は気遣いができる人に好感を持つもの。これは男女問わず、そうだと思います。

だから、飲み会では気遣いマスターになることが大事！

よく自分が話すのに夢中になってしまって、周りに対する気配りができていない人を見かけます。合コンで、男子に気を遣ってもらって当たり前だと思っている女子なんて、もってのほか。

誰が飲み会を盛り上げるのか？　それは、あなたなんです！

若い女性ほど、気をつけてください。今のうちに気遣いができるようになっておかないと、だんだん飲み会に呼ばれなくなってしまいます。

尊敬できる人たちとの飲み会に参加する時は、自分だけが楽しもうとしてはいけません。

戦略的に相手を楽しませて、ノウハウをいただくのです。

起業している男性と飲む時は、もらうものが多すぎるので、私はかわりに綺麗な女友達を集めるようにしていました。男性は、どうせ飲むなら美人と飲みたいだろうと思ったからです。女性側も、起業家から他では聞けないような話を直接聞くことができるので、メリットがある。ｗｉｎ‐ｗｉｎですよね。

私は「飲むと面白くて、可愛い友達も多い人」と認識されることで、多くの飲み会に呼ばれる存在になりました。もちろんこの手法はあくまできっかけ作りで、今は対等にビジネスの話をしています。

人脈を作るために飲み会に参加したり、個人的に一緒に食事に行ったりしていると、相手に何かをもらうことが多くなりますが、つねにギブアンドテイクの精神を忘れてはいけません。

相手に何かをしてもらったら、その恩を忘れずに返す、ということを意識しておきましょう。

今すぐに相手に返せるものがなくても、いつか返そう、という気持ちを忘れずにいること。地道に夢に向かって努力していれば、恩を返せる日が来ます。

その前に、まずは**今の自分にできること**を考えてみるのも大事。

そんなに大きなものじゃなくても、相手にとってはギブになることもあるのです。

例えば、起業に必要な資金調達の方法を知りたいと思って、起業経験者を友達に紹介してもらったとします。そのお礼に、今度はその友達にとってメリットがある人を紹介する。これもギブです。

どうしてもお礼の方法が思いつかなかったら、相手に聞いてしまうのもアリ。

お会いした時の最後に、「今日はお時間をいただきありがとうございました。何かお礼がしたいのですが、あなたのお役に立てることはありますか？」と直接聞いてしまうのです。

相手が目上の男性だったら、若い女性の考えを知ること自体が仕事に役立つ、ということもあります。

あなたにもできることが、何かしらあるはず。それを探してみましょう。

つねにギブの精神を忘れずにいてくださいね。

それから、**感謝の気持ちをきちんと伝えること**も大事です。

周りにサポートしてもらって当たり前、とは決して思わないでください。みんな、貴重な時間を使って、あなたに得難い経験を教えてくれているのです。その人の財産とも言えるノウハウを教えてくれた人には、盛大に感謝しましょう。

普段の人間関係でも、感謝の気持ちを持っていると、周りとうまくいくようになります。広い心で人を許せるようになると、気持ちが楽になるのです。

ひたすら人の悪口を言ったり、グチを言っている人は、視野が狭い証拠。ネットの炎上なんか、その典型ですよね。どうして面識のない人に対して、そこまで攻撃できるんだろう？　と思ったりします。

応援者を増やしたい、みんなに助けてもらいたい、と思ったら、まずは自分が広い心を持つことから始めましょう。毎回、約束の時間に遅れて来る人がいても、次からは自分が遅めに来ればいいか、くらいに考えるのです。

相手の欠点にイライラするよりも、その人のいいところに目を向けてみる。そうして、**相手のどんな部分も許して、感謝できるようになると、視野が広くなります**。そんな心の余裕を持ってください。

- 自分より可愛くてフットワークの軽い友達を5人作る
- 飲み会でもギブアンドテイクの精神を持つ

戦略的飲み会術

「飲み会マスター」になるには、どんなことに気をつければいいのか、という点についてもお伝えしておきます。

題して、**「戦略的飲み会術」**です！

トレンダーズ時代、新卒の後輩たちと一緒に飲み会に行く時、毎回鬼軍曹のように仁王立ちで腕を組みながら言っていたことがあります。

「飲み会を楽しもうと思うな！　目的のない飲み会にするな！」

我ながら、ひどい心得です（笑）。でも、先述した通り、相手から何かを得ようと思ったら、自分が楽しむことを優先してはいけません。**なんのために、この飲み会に参加するのか？** あなたは、**この飲み会で何を得たいのか？** ということを忘れないようにしてください。

飲み会マスター初級編 〜基本的な気遣いで好感度を上げる〜

▼下座に座る（または最も注目を集めやすい場所に座る）

先方に上座に座ってもらうのは当たり前。飲み物や食べ物の注文がしやすい位置に座ることも意識しましょう。

▼先方の飲み物が半分を切った瞬間に、オーダーの準備をする

先方のグラスを絶対に空にさせてはいけません。つねに、目を配っておきましょう。

▼料理を最初から小分けに提供してくれるお店を選ぶ

大皿料理を一人一人に取り分ける時間は無駄ですし、会話が中断されてしまいます。適度な距離感で話に集中できるお店を選びましょう。電話でお願いしておく

と、小皿に取り分けた状態で出してくれるお店もあります。

お会計は先方に気づかれないように済ませる

自分が設定した会食の場合は、クレジットカードは最初からポケットに入れておくこと。会食が終わるタイミングで、スマートに支払いを済ませましょう。

エレベーターは自分で操作

先方にエレベーターの操作をさせてはいけません。誰よりも先に行って待機し、お見送りまで気を抜かないようにしましょう。

飲み会マスター中級編　～相手と仲良くなる～

リアクションで場を盛り上げる

会話を盛り上げる「さしすせそ」の法則は頭に入れておきましょう。

「さ」＝「さすがですね！」、「し」＝「知らなかった！」、「す」＝「すごいですね！」、「せ」＝「センスいいですね！」、「そ」＝「そうなんですか！」。

人は褒められると嬉しいもの。テンポよくリアクションをすることで、会話を盛り上げましょう。これは、異性を喜ばせるテクニックとしても有効です。

相手のSNSをチェックして、盛り上がる話題を3つは用意しておく

特に関係を深めたい相手のSNSと経歴は、事前にチェックしておくこと。「最近お子様が生まれたんですね！」などと興味を示すと、相手も安心して仲良くなってくれます。相手に取材するつもりで話題を用意しておきましょう。

相手に質問する

相手の夢や、日頃大事にしていることなど、質問して聞いてみましょう。相手に興味があることをアピールできるだけでなく、限られた時間の中で相手を深く理解できます。

相手の良いところを一言褒める

人は、自分に好意を向けてくれる人を嫌いになりにくい傾向があります。会食だったら、日頃お世話になっている顧客の尊敬している点を伝える。交流会や通常の飲み会の場合は、初対面の人であっても、褒められる箇所を探して言葉で

伝える、ということを意識しましょう。

飲み会マスター上級編　～自分の目的を相手に汲ませて、目的を達成する～

飲み会の目的を設定し、頭に置いておく

私は目的のない会食や飲み会はしないようにしています。

例えば、コンペを控えたクライアントとの会食の場合は、相手の新商品のコンセプトと特に伝えたいメッセージを探る。プロジェクトが終わったクライアントの場合は、次の発注も取れるようにさりげなく恩を売る、など。

通常の飲み会だったら、自分の夢を叶えるにあたり重要な人物を紹介してもらう、など。

とはいえ、つねに目的を伝えると煙たがられるので、頭に置いておく程度にするのも大切です。

相手のメリットになる話題を提供する

私の場合は、トレンドを知っている女性として、男性にアドバイスをしていました。

デートにオススメのお店を紹介したり、彼女へのプレゼントを一緒に考えたり。相手に「この人面白い！」とか「この人と繋がっておくとメリットがあるかも」と思わせるのです。

相手にとって価値のある話題を提供できると、その後も関係が続く可能性が高くなります。

相手に「ありがとう」の気持ちを伝える

会食や飲み会は、心理的距離をグッと縮め、信頼関係を深めるチャンス！

「あの時、〇〇さんがこんな対応をしてくださったおかげで、プロジェクトを無事に成功させることができました」など、感謝の気持ちは改めて伝えるようにしましょう。

以上。

これ、やってみると意外に大変です。慣れないうちは、相手のグラスに目を配るだけで疲れてしまい、会話に集中できない新卒の人もたくさんいます。私も最初のうちは気疲れして、飲み会が終わる頃には疲労感でぐったり。もう行きたくないと思うほどでした。

でも、こうした気遣いに慣れておくと、どんな会話をしていても、つねに相手に対して気配りができるようになります。

貴重な会食や飲み会を有意義なチャンスにするために、ぜひ実践してみてくださいね。

社会人になると、同じ人と何度も飲み会や交流会ができるわけではないので、一回一回が勝負！　**いかに一度の飲み会で自分を相手に印象付け、その場で親密度を上げられるか**が重要なのです。

ここでご紹介した「戦略的飲み会術」をマスターして、ぜひあなたも良い人脈を作ってくださいね。

☑ 次の飲み会で、「戦略的飲み会術」を実践してみる

たった1分で自分を覚えてもらう方法

飲み会で初対面の人に自分を覚えてもらうには、何かしらのインパクトを残す必要があります。会話の中で印象付けるのもいいのですが、オススメは最初にガツンとアピールすること。

合コンやイベントなど、初対面の人が多く集まる場では自己紹介から始まることが多いですよね。そこで自分と同じ趣味を持つ人がいたり、珍しい経歴を話す人がいたら、もっと話してみたい、と思いませんか?

これを飲み会の場でやってみるのです。

自己紹介の時間として適当なのは、一人あたり1分くらいだと思います。それより短いと自分の情報がほとんど伝わらない。でも、1分を超えてしまうと、今度は間延びしてしまう。

よって、**1分間で自分を周りに覚えてもらえるような自己紹介**を何個か用意しておくのがオススメです。

「初めまして、成井五久実です。福島出身の田舎育ちです。女子大卒業後、新卒でDeNAに入り、今はトレンダーズで営業をやっています。女性のトレンドは熟知しているので、彼女へのプレゼント選びはお任せください！」

「私は営業で数字を取ってくることに命をかけています。つい最近、7ヵ月連続で目標数値を達成する、という社内では前人未到の記録を作りました。月間MVPも3度受賞しています。今の夢は、20代のうちに起業することです！」

「私は中2の時に、父の会社がいきなり倒産する、という目に遭いました。でも、母が起業したおかげで、一家離散せずに済みました（笑）。女性も男性に頼らずに働くって大事ですよね。だから、私も今、起業に向けて頑張ってます。起業家のみなさん、ぜひアドバイスをお願いします！」

トレンダーズで営業をしていた頃は、こんな感じの自己紹介をしていました。
短い時間で自分の特徴が伝わるよう意識して考えたものですが、どうでしょう？

私がどういうバックボーンを持っていて、何をしようとしている人間なのか、おわかりいただけたのではないでしょうか。

1分で自分を覚えてもらうには、自己紹介に次の3つのポイントを入れること。

①生い立ち（出身地、出身大学、新卒で入った会社など）
②アピールポイント（得意なことや長所、実績、強みなど）
③夢（起業したい、新規事業部に行きたい、マネージャーになりたいなど）

一番大事なのは、③の夢です。

STEP1でも書きましたが、夢は「公言して叶える」もの。**飲み会は、多くの人に自分の夢を知ってもらえる絶好のチャンス。**これを逃す手はありません。

ここで、夢に結びつくような生い立ちや長所を合わせてアピールできると、よりロジカルになり、聞く側が理解しやすくなります。過去の経験や実績と関連付けて夢を語れると、「この人は本当に夢を叶えそう」と思ってもらえるのです。

相手にそう思わせたら、こっちのもの。

初対面の人に自分を夢とセットで覚えてもらえれば、応援者を増やすことができるのです。

最初に自己紹介で「成井＝起業したい人」という印象を作った結果、飲み会中に「起業に関する知識がほしいって言ってたよね？　今度、起業家の集まりがあるんだけど来る？」と誘ってもらえたことも。

私はこうして、一度の飲み会から欲しい人脈を効率的に作っていきました。

また、自己紹介の中で**「負の経験」**を言えると強い気がします。**最初に自己開示すると、相手も心を開きやすくなる。**ここまで話してくれたんだから、こっちも語ろうかな、という気になるのです。意外と苦労してるんだ、と親近感を持ってもらえるからです。

そして、負の経験の後で夢を語り、キラキラ感を出すと、落差を演出できます。そうすることで、より相手に自分を印象付けられるのです。

☑「生い立ち」「仕事」「夢」の3テーマで自分の1分プレゼンを作る

◇4つの人格を使い分けて好感度を上げる

飲み会で会う人は、大まかに男性、女性、年上、年下に分類できると思います。応援者を増やすためには、どのカテゴリーの人にも好かれたほうがいいですよね。そう、**全方位的に好感度を上げておくこと**が大事なのです。

では、みんなから好かれるには、どうすればいいのでしょうか？

私は、どう振る舞えば相手に気に入ってもらえるか？　ということを考えながら、相手のカテゴリーに合わせて、少しずつ自分のキャラを変えています。

年上の女性

相手が年上の女性の場合は、徹底的に**「三枚目キャラ」**を演じます。

同性同士は、どうしてもライバル意識を持ってしまいがちですよね。特に女性は、年下の女の子が自分の上に立つのは許せません。

だから、「私はあなたの敵ではありません。先生になってください」というスタンスを取ったほうがいいのです。

「営業でMVPを獲った」「女社長」など、ライバル視されそうな要素はアピールせず、相手が「ダメじゃん」とツッコみたくなるようなエピソードを用意しておきましょう。

営業で数字は取れるけど、計算や領収書の整理ができないんです。最近、年下の男の子にフラれちゃって……。など、失敗ネタで自分を落として、あなたに対抗する気はありません、と伝えるのです。

年上の女性に好かれるためには、**とにかく相手を立てる**こと。これが鉄則です。

自分の弱みや隙を積極的に見せ、相手が協力してあげたいと思うような雰囲気を作りましょう。

同い年・年下の女性

逆に、相手が同い年、または年下の女性の場合は、頼り甲斐のあるサバサバした**「姉御肌の女性キャラ」**になります。あまり隙を見せてはいけません。ピエロになりすぎると、なめられてしまう恐れがあるからです。

この場合は、相手から何かを得ようというよりも、憧れの先輩像を演じたほうがうまくいきます。後輩女子も、キラキラした女の先輩がいたら、応援したいと思うはず。でも、お高くとまってはいけません。仕事の悩みを相談できるような、親しみやすく、頼りがいのある先輩を目指しましょう。

自分のことを尊敬してくれる同性の女友達や後輩ができると、自分にも一層自信が持てるようになりますよ。自然と周りからの信頼や評価が上がっているかも。

年上の男性

年上の男性に対しては、夢に向かって頑張っている**「可愛げのある後輩キャラ」**になるのがオススメです。

ポイントは、虚勢を張るのではなく、**隙を見せて頼ること**。

男性は女性に頼られると弱い生き物。可愛げのある女性は、思わず助けてあげたくなってしまうのです。それに、女性からの好感度を上げたいとも思っています。

だから、どんどん甘えて先駆者に成功のメソッドを聞いてしまいましょう。子犬のような後輩キャラで仕事の相談をすると、同性はライバルになるかもしれないけど、女性だったらいいいか、と聞いてもらえることが多いですよ。

女性はビジネスで頼れる男性がたくさんいるので得です。

同い年・年下の男性

同い年または年下の男性に対しては、なんでも気兼ねなく話せる**「幼馴染のようなキャラ」**を目指します。恋やキャリアの話を、異性という異なる目線でざっくばらんに話せる人は貴重です。

キャリアがある女性ほど、男性とライバルになってしまう場合があるので要注意。合コンで自分のキャリアや夢をアピールしすぎるのは、あまりオススメしません。

最初は私も、業界が似ている広告代理店の人に「私もこういうことがやりたいんです」と言っていましたが、煙たがられました。全然モテません（笑）。男性は合コンの場ではそういう話を求めていないので、ウザい女だと思われてしまうんですよね。

最初に高飛車など、マイナスのイメージを持たれるのは、もったいない。だから、「トレンダーズで営業やってまーす」など、普通の自己紹介に留めておくのが無難です。相手にその場で有能と思わせるのではなく、まずは仲良くなることが大事。

仕事に繋げたい場合は、後からお礼のメッセージとともに「私、実はこういう案件をやりたいんですけど」と連絡したほうがうまくいきます。

それから、異性との飲み会では「お店がイケてない」「相手がイケてない」などと見下さないように注意してください。

私はイケてないと感じる男性が来た時は、どうやってこの人の上司を紹介してもらうか、もしかしたら親友になれるかも⁉と発想を変えて楽しむ工夫をしています。

恋とビジネスのチャンスはどこに転がっているかわかりません。とにかく目の前の人にとって好感度の高い女性を徹底的に演じてください。

相手によってうまくキャラを使い分け、全方位的に好感度を上げていきましょう！

そうすることで、あなたの周りに応援者が増えていくのです。

☑相手に合わせてキャラをチェンジしてみる

◇また会いたい女になるメール術

飲み会やイベントで出会った人と、もう少しゆっくり話してみたい、こんな質問をしてみたいと思うことがありますよね。でも、名刺を交換しただけで終わってしまった、ということも多いと思います。

どうすれば、次に繋げることができるのでしょうか?

私は関係を作りたいと思う人に出会ったら、必ずＬＩＮＥを交換し、その場でフェイスブックの友達申請をします。

ここでは遠慮はいりません。自分から積極的に交換したい、と申し出てください。おそらく、それで嫌な顔をする人はいないはずです。

そして、**会が終わったら、必ずお礼メールをする**ようにしましょう。

私の場合、仕事で繋がりたい人にはフェイスブックのメッセンジャー、プライベートで繋がりたい人にはＬＩＮＥでお礼をしています。名刺に記載されているメールアドレスは、秘書など本人以外が見ている可能性もあるので、あまり使いません。

お礼メールで大事なのは、**次に繋がるきっかけを作ること**。

まずは、**相手に会った感想**を伝えます。

「〇〇さんのこういうところが面白かったです（尊敬しました）。あなたのこういう姿勢が仕事の成功につながっていると思いました」というように。

それから、**自己紹介と自分の夢、それを相手に応援してほしい**、ということを入れます。

「私は今、こういう仕事をしていますが、起業したいと思っています。〇〇さんにはぜひ、これからも勉強させていただきたいです」など。

そのうえで、**相手から得たいことを具体的に入れ、もう一度会う機会をもらえないか、と誘ってみる**のです。

「上場まで持っていった組織作りについてお聞きしたいので、今度ご飯に行きませんか？」といった感じです。こうして私は、次に会うきっかけを自ら作っていました。

人脈を作るためには、とにかく自分から動くことが大事！

月に5人以上は、あなたが欲しいと思うキャリアを手に入れている人と、SNSで繋

がりましょう。

直接出会う機会がなければ、その人のSNSをフォローすることから始めてみる。その人が参加する交流会、あるいは登壇するイベントがあったら、会いに行ってみましょう。私も会いたいと思ったら、よく直撃して名刺交換をしていました。

- ☑ **1ヵ月間、飲み会で出会った相手全員にお礼メールを送る**
- ☑ **1ヵ月後、また会う約束をした人が何人いるか数える**

◆SNSは最強のセルフブランディングツール

応援者を増やすためには、SNSも積極的に活用しましょう。

フェイスブックやInstagram（以下、インスタ）といったSNSは、自己プロデュースがしやすい場所。

明るくハッピーなオーラを持った女子には、誰もが近づきたいと思いますよね。そういう自分をSNSで演出し、ファンを作るのです。

ただし、キラキラ女子っぽい投稿ばかりが続くと、かえって嫌われてしまう可能性があります。そこだけをアピールする人が多いですが、反感を買ったり、ビジネス相手になめられてしまったりする恐れもあるので、気をつけてください。

しっかりと信念を持ってセルフブランディングし、仕事とプライベートの両方が充実していることがわかるような投稿を心がけましょう。

・MVPなどの実績は必ずアップ

ＳＴＥＰ２でも書きましたが、昇進した、ＭＶＰを獲った、社内で表彰された、などの実績は必ずＳＮＳにアップするようにしましょう。

自分が取材されたり、メディアで自分のプロジェクトが紹介されたりしたら、それもシェア。ＷＥＢ媒体の場合はリンク付きで投稿し、友達やフォロワーに読んでもらいましょう。「シェア歓迎」と書いて、みんなに拡散してもらうのもいいと思います。

第一線で活躍している人や、何かを一生懸命に頑張っている人は、周りの目に眩しく映ります。みんな、そういう人のことは応援したくなるもの。

だから、**ＳＮＳの投稿を通じて、周りに活躍している人だと認識されると、自然と応援者が増えていく**のです。

それから、私は自分が育てた後輩が表彰された時も、「おめでとう」と投稿していました。

人の幸せを喜べる人は、好感度が高いですよね。ＳＮＳでもそういう投稿をすると、共感を集めやすいのです（ただし、あざとくなりすぎないよう注意が必要）。

実績をアピールする時に気をつけたほうがいいのは、苦労話をしすぎないこと。

こんなピンチがあったけど、なんとか乗り越えて結果を出せました、という程度ならいいですが、ネガティブな内容が多くなりすぎると、周りに好かれません。

ＳＮＳでは、普段から負の投稿はしないほうが賢明です。

ネガティブなことばかりアップしている人には、だんだん「いいね」がしづらくなっていきますよね。さらに、ネガティブな投稿は、そこに共感するネガティブな人を集めてしまいます。これではマイナスブランディングです。

ＳＮＳは自由に自己プロデュースができる場所。やるからには、**ハッピーオーラをまとって、人から憧れられるような自分をプロデュースしましょう**。

・仕事とプライベートは1対1が理想

実績や取材された記事など、ビジネス色が強い投稿ばかりが続くと、見なくなる人も出てきます。仕事の投稿をした後は、プライベートが充実している様子も投稿するのがオススメ。

理想は**仕事とプライベートの投稿が1対1の割合**になることです。仕事もプライベートも全力。そういう女性は同性にも好かれます。

例えば、ＭＶＰを獲ったという投稿をしたら、「ＭＶＰを獲ったご褒美に星野リゾートに来ました」と投稿するなど。

「ご褒美」は使い勝手がいい言葉だと思います。

「星野リゾートに泊まりました」「今日はウルフギャングでディナーです」とキラキラした感じだけをアピールすると嫌味な感じが出てしまいますが、「ご褒美」という言葉が入るとだいぶ印象が変わるんですよね。

ＳＮＳの投稿は自慢になりすぎないよう、バランス感が大事です。

私がSNSでセルフブランディングを始めた3年前はフェイスブックが主流だったので、こうしたバランス配分に気をつけていましたが、今だったらプライベートの投稿はインスタに集約する、というのもいいと思います。投稿のジャンルは統一されていたほうが見やすい、という面もあります。

SNSは読者層によってうまく使い分けるのがオススメです。

・徹底的にブランディングする

SNSは、人からこう見られたいと思ったら、**簡単に「なりたい自分」を作れる場所。自分の価値を高めるにはもってこいのツールです。**

人からどんな女性に見られたいか考えながら、「理想の私」を演出しましょう！

私の場合は、女性のキャリアを支援したいという夢があったので、女性に憧れられるような自分を意識的にプロデュースしていました。

話題のレストランやホテル、人気のプロジェクションマッピングが見られるスポットなどを訪れては投稿し、トレンドに敏感な女性を演出。紅葉や花火など、シーズンに合わせた投稿もしていました。

トレンドを知っている先輩と思われたことで、後輩からも頼ってもらえるように。よく「いいお店知りませんか?」「友達の誕生日プレゼントにオススメなものを教えてください」といった相談をされていました。

女性向けのブランディングを考えている人は、「インスタ消費」はどんどんやったほうがいいです。トレンドのスポット、食べ物、アイテム、化粧品、旅行の投稿などは女子からの「いいね」を集めやすいからです。

たまに家のインテリアや自炊の写真も投稿すると、「仕事もバリバリやってるのにプライベートも完璧ですごい!」と思ってもらえます。

SNSの投稿も仕事のうち、と思って頑張りましょう(笑)。

男性に向けては、定期的に女子会の写真を投稿して、「可愛い子と友達ですアピール」をしたことも。

ビジネスで繋がりたい人に向けては、スティーブ・ジョブズの映画を観た感想を投稿して、「経営に興味がある勉強熱心な女性」を演出。ビジネス界の大物に会ったら、一緒に写真を撮って投稿、さらに有名社長にタグ付けしてもらったりもしていました。

SNS 投稿の例

MVP獲得の報告は明るく

取材を受けた時はスクショもアップ

友達との朝ヨガ会

誕生日には、目標や夢を再確認

新年の挨拶投稿をする時も、セルフブランディングを考えながら、今年の抱負を入れます。

フォロワーに向けて、どういう自分を演じたいか？　フォロワーにどんな人だと思われたいか？　このことをつねに考えながら、時間をかけて一つ一つの投稿を作るのです。だから、写真の加工から文章作成まで、毎回1時間くらいはかかります。

ブランディングに即時性はいらない。私はそう思っているので、Ｔｗｉｔｔｅｒは使っていません。

とはいえ、情報はホットなうちに発信したほうがいいので、フェイスブックやインスタでも、できれば翌日までにはアップするようにしましょう。

その投稿は誰に見てほしいですか？
繋がりたい人がいるのは、どのＳＮＳですか？
その人に、あなたはどんな人だと思われたいですか？

こうしたことを考えながら、自分に合ったやり方を考えてみてください。

SNSという、最強のセルフブランディングツールを使って、「なりたい自分」をプロデュースしましょう！

・「いいね」をたくさんする

自分にしか興味がない人は、相手にも興味を持ってもらえません。それはSNSでも同じ。

発信するばかりで、人の投稿には何もリアクションをしない人はあまり印象が良くないのです。

だから、**人の投稿にも「いいね」をたくさんしましょう。**

通勤時や移動時間など、隙間時間にSNSをチェックし、タイムラインに流れてきた順に、可能な限り「いいね」を押すのです。

「いいね」はあなたの投稿に共感しました、という意思表示。そして、共感は連鎖するものだと思います。よく「いいね」をしてくれる人には、こちらも「いいね」をしたくなりますよね。

フェイスブックの場合は、「いいね」以外のリアクションもできます。「超いいね」をすると他の人よりも目立つので、相手の印象に残ることができます。

オーバーリアクションをしたほうがいいのは、飲み会だけでなく、ＳＮＳでも同じ。憧れの人や繋がりたい人の投稿には、ぜひ積極的に「超いいね」をしましょう。

そして、先ほどもご紹介した会話を盛り上げる「さしすせそ」の法則は、ＳＮＳでも有効。

「さすがです！」「すごい！」とコメントしてあげると、投稿した人も嬉しいです。おめでとうございます。よかったね、すごいね。こうしたコメントをこまめに残すようにすると、ＳＮＳをきっかけに相手との関係を深められますよ。

・ベストな投稿時間は日曜夜

最後は、ＳＮＳはいつ投稿するのがいいの？　ということ。

せっかく時間をかけて投稿を作っても、見てもらえなければ意味がありません。だから、より多くの人に見てもらえるよう、投稿する時間帯まで考えて投稿したほうがいいのです。

オススメは**日曜の夜。午後9時〜10時がベスト**です。日曜の夜は飲み会も少なく、みんな明日からの仕事に備えて在宅していることが多い。必然的にスマホを手にしている率が高くなるのです。私の会社で運営しているWEBメディア「JION」も、この時間帯にアクセスが集中しています。大事な報告など、本当に見てもらいたい投稿はこの時間帯を狙うようにしましょう。

投稿の頻度については、私はフェイスブックやインスタの場合は、週に1回がベストだと考えています。あまり多すぎても印象に残らない気がするし、一つ一つの投稿を大事にしたいからです。

見る側の気持ちを考えながら、あなたもぜひSNSを使って「なりたい自分」をセルフプロデュースしてみてくださいね。

そうして、自分の商品価値をどんどん高めていきましょう。

- **この1ヵ月で仕事とプライベートで嬉しかったことをそれぞれ投稿してみる**
- **重要なメッセージは日曜夜に投稿する**

恋人は最強の味方。恋愛でキャリアを発展させる

◆尊敬できる男性に「精神的枕営業」を仕掛ける

私の経験上、キャリアにおいて有効な情報は、異性から聞くほうがうまくいくケースが多いです。

男性と飲みに行ったら、相手のことを「片思い中の好きな人」だと思って話してみてください。

すると、男性のガードは緩みます。男性は、自分に好意を持ってくれる女性を助けてあげたくなる、という性質があると思うんです。

「起業したいなら、この本を読んでおくといいよ」とビジネス書を勧めてくれたり、「今度、こういう人を紹介してあげるね」と言ってくれたり。時には同性だったら話さ

ないような、大事なノウハウを教えてくれることもあります。

だから、**尊敬できる男性とはどんどんご飯に行きましょう！**

そして、**「精神的枕営業」**を仕掛けるのです。

実際に寝る必要はありません。ご飯だけ一緒に食べて、精神的に寝ればいいのです。

「女であることを利用する」と言うと聞こえは悪いですが、私はせっかく女に生まれたのだから、それを武器にしてもいいと思っています。相手も、好意を持たれて悪い気はしないはず。

人は実際に見たり、聞いたりしたことしか実現できません。だからこそ、色んな男性と仲良くなって、知識や情報をもらったほうがいいのです。

夢を叶えたいと思ったら、試してみる価値はあると思います。

ポイントは、相手に女として見られているのを承知の上でコミュニケーションをとること。

夢を叶えるためと言っても、好きじゃない人に体を求められるのは嫌ですよね。ただの枕営業にならないように、**最初に相手に興味がある理由を伝える**ようにしましょう。

お酒に酔う前に、今日会いに来た目的を伝え、**相手に「この子を応援したい」と思わせる**のです。

とはいえ、多少のスキンシップは許してくれて、付き合いがいい女性のほうが、相手も気持ちよく話をしてくれると思います。

2次会までは付き合うけど、早々とタクシーに一人で乗って帰る。少し相手が寂しいと思うくらいのほうが、また会いたいと思ってもらえるのです。こうした駆け引きはうまくしましょう。

ちなみに、「精神的枕営業」は男性から女性に対しても効果的です。

最近は、男性から飲みの場で仕事の相談をされる機会も増えましたが、悪い気はしません（笑）。純粋に力になってあげたいなと思うものです。

尊敬できる相手を飲みに誘う

◇目指すキャリアを持った男性と恋をする

目標達成のために必要な情報やノウハウを得るには、多くの飲み会やイベントに参加して人脈を作りましょう、ということをお伝えしてきました。

実は、もっと効率的に、しかもより中身の濃いノウハウを得る方法があります。

それは、**自分が目指すキャリアを持った男性と恋をすること。**

私は20代、とにかくたくさんの恋をしました。

実ったものもあれば、フラれたり、「付き合おう」という言葉がないまま曖昧な関係が続いたり……ということもありました。

でも、すべての恋愛が私の仕事のエネルギー源になり、さらには夢を叶えるためのステップになっていったのです。

私は起業したいという夢があったので、起業家の男性によく恋をしていました。戦略的に、というよりは自然と。

色んな人と恋をするうちに、**彼らが私の応援者になり、自分のキャリアに必要なこと**

を親身に教えてくれる、ということがわかりました。大切なことはすべてピロートークが教えてくれたと言っても過言ではないかもしれません。

活躍している男性は、世の中に数え切れないほどいます。男性は自分を好きだと言ってくれる女性は無条件に可愛いので、ノウハウを秘密にしよう、とはなりません。だから、恋愛関係になって、「あなたの通ってきた道を教えて」と甘えて頼ったほうが得なんです。これは女性の特権ですよね。

目指すキャリアを持った男性と恋をすると、こんなにたくさんのメリットがあります。

・成功している人の生活感を体感させてもらえる

トレンダーズへの転職活動をしていた頃に出会い、起業するまでを支えてくれた彼氏には、本当に多くのことを教えてもらいました。

彼は出版社の管理職というポジションにいながら、自分でも会社を複数経営していた人。六本木の高級マンションに住んでいて、ルイ・ヴィトンでショッピングをすると、シャンパンが出てくる。食事は毎回ミシュランガイドに載っている高級レストラン。ドレスコードがあるブランドのレセプションパーティーに連れて行ってくれる。

彼は私に**「成功者の生活感」**を体感させてくれた人でした。

「女性のキャリアを支援する人になりたいなら、まずは周りの女性から、女性として憧れられる存在にならないと」

そう言って、私がこれから手に入れたいと思っている世界を覗かせてくれたのです。

当時の私からしたら、彼は異次元の存在。毎回会う時はドキドキ。ホテルに一緒に泊まっても、緊張して寝られないほどでした。

尊敬できる男性と恋に落ち、憧れの世界を実際に見せてもらう。これは自分がステップアップしたいと思ったら、とても大事なこと。

実際に見ると、欲しくなるからです。逆に言うと、目の当たりにしてみないと、憧れの生活感が具体的にイメージできないのです。

私は彼の生活感をこの目で見た瞬間、「起業して成功すること」が「絶対に叶えたい夢」に変わりました。

・恋愛で人生のモチベーションが上がる

特に女性は、**恋愛が仕事のモチベーションになる**人が多いのではないでしょうか。

少なくとも、私はそうでした。

週末にデートするために、今週はこのタスクを絶対に終わらせよう！　など、彼と会うことをご褒美にすると、辛くても頑張れたんです。

そういう意味でも、恋をしておくといいと思います。


それから、女性はみんなそうだと思うのですが、「彼にずっと好きでいてもらうために、つねに進化しなきゃ」と思いますよね。

彼に可愛いと思われたいから、オシャレを頑張る。憧れの彼に少しでも近づきたいから、仕事を頑張る。

恋愛が絡むと、見た目も中身も、一生懸命に磨きたくなるものですよね。


それに、一人で夢を叶えるのは、とてもエネルギーがいること。

辛い時に安らぎをくれたり、エネルギーをチャージしてくれる、心の拠り所のような人を見つけておくのはオススメです。

別に彼氏じゃなくても構いません。結婚している人は旦那さんでもいいと思います。**どんな自分も肯定してくれる、精神的な支えとなる相手を作ること**が大切です。

恋のパワーってすごいです。一人では絶対にできない（あるいは、やりたくない）ようなことも、簡単にできてしまったりするんです。

自分のモチベーションを上げるためにも、いい恋をしましょう。**最愛の彼に愛されて、楽しみながらキャリアアップする。**これが今流の女性の勝ち方かもしれません。

・無料でキャリアコンサルティングをしてもらえる

目指すキャリアを持った男性と恋をするメリットの最後は、つねに、自分の先を行っている人に**「無料でコンサルしてもらえる」**こと。

ビジネスという観点から見ると、これが最も大きいです。

私は経営者の彼氏に、よくプレゼンの練習に付き合ってもらっていました。

彼の前でプレゼンをし、伝え方や声のトーンなど、細かい点まで見てもらうのです。交渉の時に相手に迎合しすぎない。100%共感してしまうと、意志がないように見える。気に入られようとして、いつも一言多い。もっと凛とした態度で伝えるべき。

こうしたポイントを第三者視点で教えてもらって、私はプレゼンの完成度を上げられました。事前に修正してもらえると、本番でも自信を持って臨むことができるのです。


これは、本来ならお金を払ってお願いすべきコンサルティング。それが、恋人になってしまえば無料で受けられるのです。

他にも、起業のサポートをしてもらったり、私の事業領域のアイディアを一緒に考えてもらったり、私の悪いところを指摘してもらったり。

私は、彼なしに起業という夢を叶えることはできなかったと思います。


同性や男友達でも、こうしたアドバイスをしてくれる人はいるかもしれませんが、なかなかここまで親身にはなってもらえません。**恋愛感情があるとないとでは、献身の度合いがまったく違う**のです。

だから、本当にやりたいことを達成するためには、目指すキャリアを持った男性と恋をするのがいいんです。

できたら、少し背伸びをして、**年上の同じ業種で成功している男性と恋に落ちてみてください**。これが成功への近道であることは、間違いありません。

そして、たとえ恋人であっても、**感謝の気持ちは忘れずに**。

「あなたのアドバイスのおかげでＭＶＰを獲れたよ」など、成長した姿を報告してあげましょう。そうすれば、また次もアドバイスしてあげよう、と思ってもらえます。

それから、何か返せるものがあったら、返すようにしましょう。

私は、彼がしてくれたことに比べたら何も返せていないと思います。でも、めったに弱みを見せない彼が弱音を吐いた時は、そっと寄り添っていました。経営者は人に弱い部分を見せてはいけないから孤独なんですよね。そんな彼が唯一、弱音を吐ける存在でいる。そんなことでも、少しは力になれるのではないかなと思います。

☑望むキャリアを持った男性と恋をする

☑この人だ！　と思った男性と親密になり、キャリアをサポートしてもらう

STEP 4

〝わたし〟を売る

◇商材は〝わたし〟。自分のPR戦略を考える

夢を描いたら、「なりたい自分像」を明確にし、それを実現するためのシナリオを書く。そして、そのシナリオ通りに生きるため、短期の目標を達成しながら実績を積み重ねていく。その過程では夢を周りに公言すること、夢を叶えるために必要な人脈を築いていくことが大事。

ＳＴＥＰ３までは、自己プロデュースで自分という商品の価値を高めていく方法についてお伝えしてきました。ここまで読まれた方は、自分を価値ある商品にする方法ついて、おわかりいただけたことと思います。

夢を叶えるためには、やるべきことがたくさんありますが、頑張った事実はあなたを裏切りません。ここまでに書いたことをすべて実践したあなたは、多くの人が欲しがる魅力的な商品になっているはずです。

ここまで来たら、夢を叶えるまで、あともう一歩。

ＳＴＥＰ４でお伝えするのは、**「〝わたし〟という商品の売り方」**についてです。自分を売ることで、ようやく夢が叶うのです。

そのためには、売り方も戦略的に。**いつ、どこで、誰に、どのように売るのか？**ということを考えていきましょう。

ＰＲ業界では新商品が出たら、まず商品の詳細情報を記載した「プレスリリース」を作成します。そのリリースをたくさんのメディアに送って新商品を掲載してもらい、消費者に知ってもらう機会を作るのです。

例えば、20代後半の女性向けのコスメを発売するとしたら、いつ、どのメディアに掲載すればより話題になるか？　ということを考えます。商品をヒットに導くには、ＰＲの仕方を工夫し、戦略的に売り込む必要があるのです。

もし、あなたが来年には転職したい！　と思っているとしたら、いつ、どのタイミングで今の会社に退職の意志を伝えるのがいいでしょうか？　そして、転職先にどのように自分をアピールすれば、入社できるでしょうか？

こうしたことを具体的にシミュレートし、行動計画に落としていくのです。

私がトレンダーズに転職する時も、こうしたことを考えて計画的に動きました。

半年後に転職すると決めたら、今月中にはトレンダーズの採用担当者に入社希望を出す。そして、DeNAには2ヵ月後の面談で、所属部署の上司に退職の意志を伝える。

このように、まずは**いつ、どのタイミングで、誰に希望を伝えるのか**を決めます。その上で、誰にどのように話をすれば、希望が通るかを考えるのです。

希望を伝える相手と、そのタイミングを決める

自分のプレスリリースを作成する

転職する際には、入社を希望している会社に、どのような話をする必要があるでしょうか?

まずは、どうしてその会社に転職したいのか、志望動機を伝える必要がありますよね。そして、自分がその会社に貢献できる人間である、ということをアピールしなければ

ばいけません。

転職しようと思ったら、面接の前にこれらをまとめた職務経歴書の提出を求められます。大学時代に就職活動で書いたエントリーシートと同じように、志望動機、自分の経歴や実績、そして自己PRを書くのです。

つまり、これって**自分という商品の「説明」を記載するということ**。そう、**職務経歴書は、いわば自分のプレスリリース**のようなものなんです。

自分を売り込もうと思ったら、転職する・しないにかかわらず、この**「職務経歴書」**を一度書いてみることをオススメします。

書いてみると、自分のキャリアや強みを整理できます。そうして、自分のセールスポイントを明確にすることができるのです。

あなたという商品の売りはどこですか？

夢を叶えるために、今までどんなことをしてきましたか？

どんな経験、実績を積んできましたか？

まずは、ＳＴＥＰ２で作った実績を書き出してみましょう。

私の場合だったら、例えばこんな感じです。

新卒でＤｅＮＡに入社し、３年間、営業として自社媒体の広告・企業タイアップの販売を担当。ＥＣサービスの女性ファッション店舗の売上最大化を目的とし、女性誌への広告出稿を提案。売上は前月比１２０％に拡大。２０１１年３月にＥＣ事業で新卒ＭＶＰ賞を受賞。


次に、その**経歴から自分の強みを整理し、セールスポイント**を書いてみましょう。

目標金額達成まで努力を惜しまない、コミット力。様々なアプリクライアントのＰＲを担当したオリジナリティのある企画力、といった具合に。


こうした材料を揃えた上で、相手に夢を語ります。「私はこんな強みがあるから、こういう夢を叶えられます」と、**根拠を示して相手にアピール**するのです。

職務経歴書は、自分が夢を叶えられる人間であることを証明するための書類でもあります。そして、説得力のある証明書には、相手を動かす力があるのです。

私は起業する際にも、転職の時と同じ気持ちで職務経歴書を作りました。

投資家に起業資金の出資を依頼するには、夢を語る必要があります。この時に、職務経歴書を書いて、自分が夢を叶えられる人間であることを証明する。この内容をプレゼンして、私は起業資金の調達に成功することができたのです。

自分という商品を効果的にＰＲするためには、プレスリリースを用意すること。

ぜひ、転職するつもりで職務経歴書を書いてみてください。

☑職務経歴書を書いて、自分の実績とセールスポイントを整理する

◇フェイスブックの友人で、夢の応援団を設立！

あなたの周りに、あなたの夢を応援してくれる人はいますか？

夢を叶えるための応援団は作れていますか？

ここで言う応援団とは、**あなたの夢を知り、実現に向けて具体的な協力をしてくれる人たち**のことです。親、親友、恋人に夢を応援してもらい、メンタルを支えてもらうことは前提として、**夢を実現するためには、実益に結びつく協力者**も必要なのです。

あなたの夢を叶えるためのサポーターが周りにいないか、探してみましょう。

例えば、転職したいとしたら、入社を希望する会社に知り合いはいないか。異動したいとしたら、それを後押ししてくれる上司はいないか。

あなたに実績があれば、後援してくれる人がいるかもしれません。あなたという商品のプレスリリースを取り上げ、あなたを売ってくれる第三者がいないか、考えてみましょう。

私も起業をする時にはまず、社会人になってから築いた人脈を見直すことから始めました。**フェイスブックの友達一覧を見ながら、誰にどんな協力をしてもらえそうか、考えてみたのです。**

すると、その中からたくさんの協力者を見つけることができました。

起業に必要な情報をたくさんくれた、東大の起業サークルの仲間たち。会社を設立する時に参考にした本を教えてくれた起業家の先輩。会社を登記する際の創業資金を一部出してくれた父。起業資金を出資してくれた投資家の人たち。

起業後、会社を辞めた後は、当面の生活費を稼ぐ必要がありましたが、仕事を紹介してくれる人たちもいました。

前職の後輩が、私の営業や広報スキルを活かせる副業を紹介してくれたり、元取引先の部長さんが、業務委託という形で私個人に仕事を発注してくれたり。

これまでに出会った人たちが応援団になってくれ、私の起業という夢の実現を強力にサポートしてくれたのです。この時は、川に水が流れるように、すべてが自然と決まっていきました。人生で最も「追い風」を感じた瞬間です。

起業してからも、私は多くの人に助けてもらいました。

会社の利益が出るまで、オフィスの家賃を浮かせるために会社を間借りさせてくれた副業先の社長さん。友達料金で会社の顧問弁護士になってくれた学生時代の友人……などなど。

彼らなしには、起業した会社を軌道に乗せることはできませんでした。

夢の実現のために必要な過程とセットで、人脈を洗い出してみると、業界に詳しい友人や、先に同じ夢を叶えている先輩がいました。そして、その人たちがまた、知り合いを紹介してくれ、面識のなかった人にもたくさん出会うことができました。

一人で起業しようと思っていた頃は、とてつもなく高いと思っていたハードル。でも、応援してくれる人たちと一緒に走り出してみたら、予想外に簡単に飛び越えることができたんです。

起業という大きな夢さえ、28年間の人脈でなんとか叶えられてしまうものなのです！

あなたが人脈を広げる努力を徹底して行っていれば、すでに応援団はできているはず。それも、気づいたら、びっくりするほど強力な応援団が。

夢を叶えるために必要なサポーターは、フェイスブックの友人の中にいます。あなたの夢を叶えてくれそうな人は誰か考えながら、**協力者リストを作ってみましょう**。転職や昇進、異動したいという時にも、リストを作ってその人たちに相談してみると、思っていた以上に簡単に実現できたりします。

もしここで10人もリストアップできなかったら、STEP3に戻って飲み会への参加を増やしましょう。

☑フェイスブックの友達リストをチェックする
☑夢に協力してくれそうな人を10人以上リストアップする

戦闘服を用意する

いつ、どこで、誰に、自分をどのように売るのか？

これが決まったら、いよいよ本番です。決戦の舞台に立ち、相手に夢を語り、これまでに作り上げた〝わたし〟という商品をプレゼンするのです。

プレゼンの舞台は、言うなれば戦場。戦闘を勝ち抜くためには、武装し、最強の自分で臨むことが大事です！

自信のない服、または納得のいかない服を着て人前に出ると、変に思われていないか心配になって、自然と俯《うつむ》いてしまいませんか？　女性は特に、見た目の自信＝内面の自信になりやすいですよね。

自分に自信をつけるためにも、自分を売る時には最高の戦闘服を用意しましょう。

勝負の商談やプレゼンをする時、私は**「自分を一番綺麗に見せてくれる服」**を着るようにしています。

私は残念ながら、美人ではありません（自分では、愛嬌のある顔だと思っています）。一目見て綺麗とは思われない私ですが、メイクや髪型、洋服を工夫することで、最大限、自分の魅力を引き出す努力をしていました。

「自分を綺麗に見せる」ためには、自分の体型を意識したスタイリングをすること。ポイントは、**自分の体で一番自信のあるパーツを見せること**です。

私の場合、一番自信が持てるのは脚でした。二の腕が太く、上半身に厚みがあるのがコンプレックスですが、上半身に対し、下半身、特に脚は細いんです。友人に「脚、綺麗だよね」と褒めてもらえることも。

だから、上半身をカバーできて、脚を主張できるファッションがベスト。いつも、そういう服を選んでいました。基本はワンピース。季節を問わず通年で使えるものが多く、女性らしさが出せるからです。

服の色やスタイルは、プレゼンの相手に合わせて選ぶのがオススメ。

相手先の企業のカラーを考えながら、スタイリングを決めていきます。

大手企業

大手企業は、ビジネス相手に「信用」を求めます。社内でもきちんとしたスーツを着ている人が多いですよね。

私も大手企業に行く場合は、黒かホワイトベージュのジャケットを着用し、きちんと感を出すようにします。そこに爽やかな色みのワンピース（鉄板はサックスブルーやラベンダーなど）を合わせることで、少し華やかさをプラス。

ヘアスタイルはゆるい巻き髪にします。ヒールは高すぎると女っぽくなりすぎ、相手に威圧感も与えてしまうので、5cmがベスト。

派手すぎず、きちんとしているけど女性らしさも忘れない。このバランスを意識します。

IT系や、服装が緩めの企業

ベンチャー系など、社員の服装が自由な企業では、華やかで明るいイメージが好まれる傾向にあります。

私は白かネイビーといったベーシックなワンピースに差し色を入れ、自分らしさをプラスしています。

夏だったら、肩に落ち感のある緩めのシャツワンピースに、黄色や赤のスカーフ、または靴で色みを足す。夏は汗染みが目立たないような素材選びも大事ですね。

冬は、Vネックのニットワンピースに流行のブーツやストールを合わせ、今っぽさを出します。ヒールは10㎝を選び、脚をすらりと長く見せるように。

若い人が多い企業に行く時は、流行のアイテムを身につけ、「トレンドわかっています感」を出すと、好感を持ってもらえます。

勝負メイク

勝負メイクは、薄めだけど血色がよく見える「ナチュラルメイク」がオススメ。強く凛々しい印象になるよう、眉毛はしっかり描きます。

アイシャドウは相手に媚びているように見られないスタンダードなブラウン（ルナソル ベルベットフルアイズ＃03）、チークは可愛く見えすぎないように肌色に近いオレンジ（シャネル ルミエール ドゥ キョウト）をチョイス。徹夜明けでクマがある場合は、コンシーラー（イヴ・サンローラン ラディアントタッチ＃1）で必ず消します。

それから、忘れてはいけないのが、**「見た目でマイナスポイントを作らない」**ということ。

いくら綺麗な服を着ていても、ニットに毛玉ができていたり、ヒールが削れていたりしては台無し。こういうポイントは意外と見られています。細かい部分まで気を抜かないようにしましょう！

実際、私が採用をする時も、清潔感がない人は選びません。たとえ、どんなに実績があったとしても。些細な要素で落とされないようにしてくださいね。いつものバッグを濡れタオルで拭くだけでも、意識が変わりますよ。

交渉やプレゼンの舞台では、見た目も大事！ 綺麗すぎて損をすることはありません。その時自分が一番可愛いと思う服、靴を身に着けて、最高の自分になる。「綺麗な

固めの企業

緩めの企業

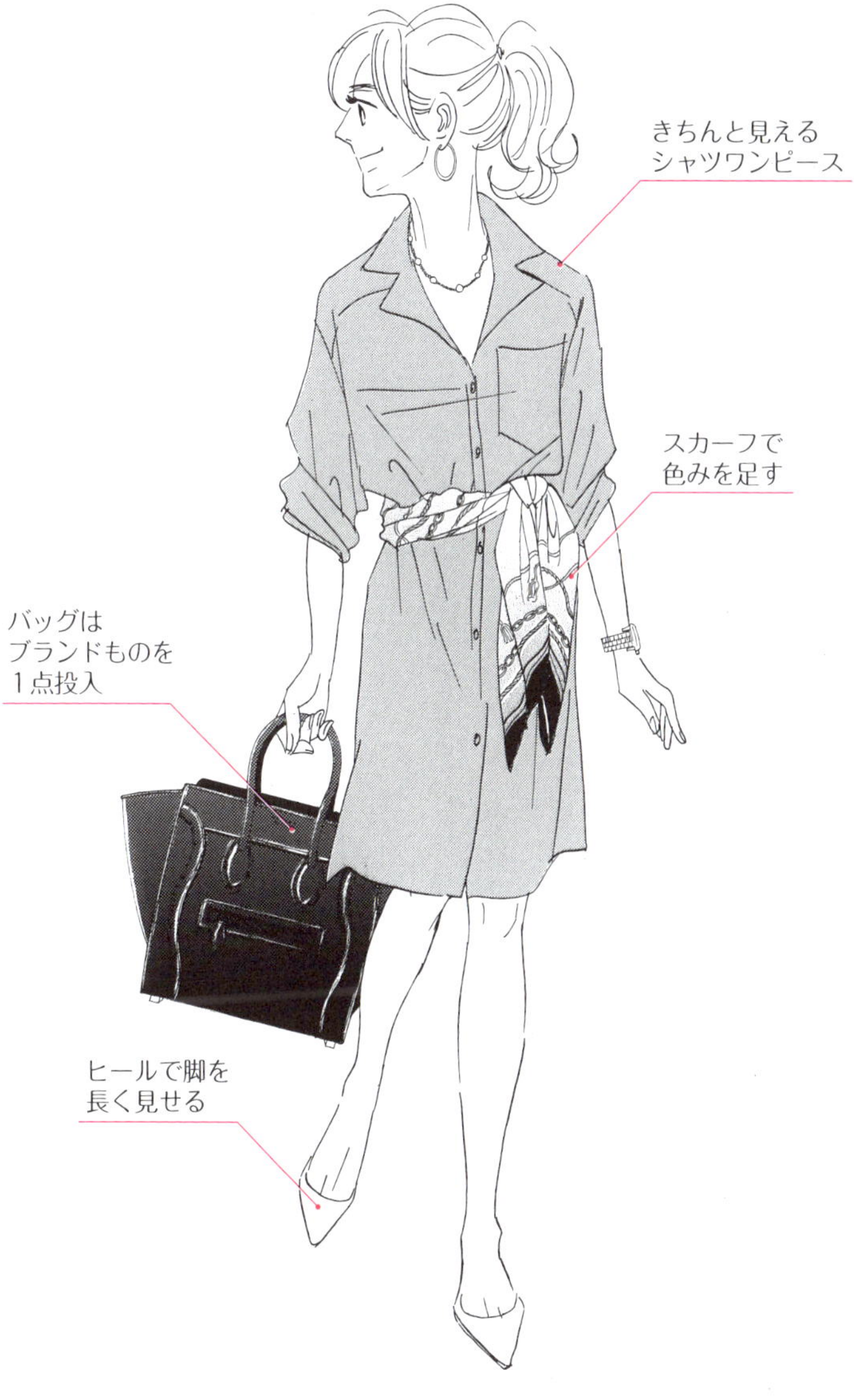
きちんと見える
シャツワンピース
スカーフで
色みを足す
バッグは
ブランドものを
1点投入
ヒールで脚を
長く見せる

私」で堂々と、自信を持って自分をアピールしましょう！

☑自分が一番綺麗に見える服を選び、スタイリングを考える

◆共感を呼ぶプレゼンで〝わたし〟を売る

上司に部署異動の希望を伝えるチャンスの査定面談、志望した会社に入るための面接、女優や歌手になるためのオーディション……。人生では度々、夢を叶えるためにプレゼンをしなければいけない機会が訪れます。

夢を叶えるために、夢をしかるべき人に、きちんと伝える力はとても大切です。ここまでどんなに努力をしてきても、最後のアウトプットがうまくいかなければ、結果は出せません。

ビジネスの世界は結果がすべて。過程を評価してもらえる世界ではないのです。結果を出したいなら、最高のプレゼンをすること。あなたの努力がきちんと相手に伝わるよう、最大限の努力をしましょう！

プレゼンは相手に響いてこそ、意味があります。つまり、**「共感を呼ぶ」プレゼンにすること**が大事。

そのためには、どんな準備をしておけばいいのでしょうか？

ポイントをいくつかご紹介しておきます。

・自信を持ってやるのが一番

野望やビジョンを語るのに、迷いや不安は禁物。自信がない様子が伝わってしまうと、相手は動いてくれません。自信を持って堂々と話すことが大事です。

少々失敗しても大丈夫。プレゼンの場ではみんな、あなたの話を聞こうと待ってくれます。怖がらず、緊張しすぎずに話しましょう。

パフォーマンスを最大限に発揮するためには、事前に練習をしておくのがオススメ。彼氏や友達を相手にリハーサルをし、フィードバックをもらえると、自信を持って臨めますよ。

・1分間プレゼンを習慣にする

本番ではどうしても緊張するもの。用意していたエピソードを忘れてしまったり、真面目になりすぎて面白味のないプレゼンになってしまったり、というのはよくあることです。

相手の興味を引くプレゼンをするためには、メリハリをつけながら適切にエピソードを入れることも大事。これは、日々の会話の中で練習しておくのがオススメです。

例えば、毎晩パートナーに、今日の出来事を1分にまとめて伝えてみる。飲み会で1分以内の自己紹介をする。最近あった面白いことを1分間で友達に話し、笑いを取る。日々の飲み会や友達、彼氏とのコミュニケーションを通して練習しておくと、本番でもスマートなプレゼンができます。時間を区切ることで、シンプルで端的な言葉を選ぶ訓練にもなりますよ。

・技術は人から盗む

どうしたら、魅力的なプレゼンができるんだろう？　と悩んだら、**プレゼンがうまい人の真似をしてみる**、という手があります。

私はよく「TEDカンファレンス」に登壇する女性の動画を見ていました。TEDは世界を動かす様々な分野のリーダーたちが、アイディアを世界に向けてプレゼンする、というイベント。これを見て、一流の人たちのプレゼンの仕方を学んでいました。自分と同じ女性の話し方やリアクションを観察すると、反面教師として学ぶところもあります。

また、バラエティ番組の「アメトーーク！」もプレゼンの勉強になります。話し方や間の取り方、観客を爆笑させるユーモアの入れ方、盛り上がりの作り方。結論は最初に言ったほうがいいなど、人のプレゼンを見ると参考になることがたくさんあるのです。

・自分をさらけ出す

「共感を呼ぶ」プレゼンで一番大切なのは「本音で語る」ということ。どんなに綺麗な言葉を並べても、そこに本音がなければ相手には響きません。結果として、提案を受け入れてもらえないのです。

だから私は、DeNAで減給処分になった、など失敗経験もさらけ出すようにしていました。すると、相手はダメな私が失敗をどう乗り越えようとしているのか、興味を持って聞くようになります。

失敗さえも隠さず本音で伝えたほうが、相手は共感してくれるのです。

☑自分をさらけ出すエピソードを用意する
☑自分が自信を持って話せるようになるまで、協力者に頼んで練習を重ねる

◆冷静と情熱のあいだで自分をアピールする

私にとって、人生で一番の大勝負は、JIONを立ち上げる時にした投資家へのプレゼンでした。

2016年3月3日、私はついに「株式会社JION」を立ち上げました。会社の登記をしたのは、ひな祭りの日でした。

メディアという事業領域で勝負すると決めた私には、この時、1500万円という資金が必要でした。

起業したからと言って、すぐに収益が見込めるわけではありません。しかし、メディ

アを運営していくには毎月の人件費や、WEBの運用に必要な経費がかかる。月に100万〜150万円はかかるだろうと試算し、1年間無収益だった場合のリスクに備えて1500万円は用意しておく必要があると思ったのです。

それだけのお金を集めるためには、投資家に対してJIONというビジネスの価値をプレゼンし、投資を決定してもらわなければなりません。

私はこれまでに築いた人脈の中から投資してくれそうな人をリストアップし、彼らの前でプレゼンをすることにしました。

この時、大事にした2つのポイントがあります。

それは、「論理」と「情熱」。これは、プレゼンを成功させるために、最も重要な要素だと思います。

投資してもらうためには、まず、なぜこのビジネスに投資価値があるのか、相手が投資するメリットを伝えなければいけません。

▼WEBメディアという成長市場であること

- 男性向けメディアのため、女性向けに比べて競合が少なく、ブルーオーシャン（未開拓の市場）であること
- 私のこれまでの営業人脈を使って広告を販売するので、早期黒字化を見込めること
- DeNA、トレンダーズで月に1000万円の売り上げを作った実績があること

いかに市場優位性があるか、収益が見込めるかを伝えるため、私は様々なデータや経験をもとに、これらを論理的にプレゼンしました。

メリットを伝えるには、「論理」。

客観的な視点を持ち、共通認識である数字をデータとして提示することで、情報を的確に伝える。これが大事なんです。論理なきプレゼンは相手に信用してもらえません。

そのうえで、「情熱」を伝える。

良いプレゼンというのは、先述したように聞き手が共感できるもの。いかに、相手に共感の感情を抱かせられるかが、カギになります。

そこで必要になるのが、熱い「情熱」のこもったプレゼンなんです。

「私はどうしても、この夢を実現したいんだ」という想いを、目に力を込めて、魂ごと

相手にぶつけるように語りかける。勝負のプレゼンをしていると、感情が溢れて涙が出そうになることもあります。

「情熱」のこもった決死のプレゼンには、相手の感情を動かす力がある。

相手があなたの情熱に共感し、応援したいと思ってくれた時、その人はあなたの夢を叶える協力者に変わるのです。

こうして4社に対してプレゼンした結果、2社が出資を決定してくださることに。なんと2週間という短期間で、私は目標の1500万円を調達することに成功したのです。

やはり、決め手となったのは「論理」と「情熱」だったと思います。

- ☑ **あなたの夢を叶える裏付けとなる、論理的な実績を書き出す**
- ☑ **あなたの夢にかける情熱はどれくらいか？　今一度、何のために叶えたい夢か振り返る**

◆見切り発車でいい！　成長も前借りする

「本当に成長したい人と、企業の成長スピードが合うことはない」

これは、経営者の彼氏が言っていた言葉です。

私のように20代で起業したいと思ったら、人の何倍も速く成長しなければなりません。でも、私に適した成長速度と、所属している会社の成長速度が同じになることはない。企業のスピードに合わせていたら、20代のうちに起業することはできないよと、彼はそう言ったのです。

トレンダーズの新規事業部に異動した当時、私はやる気のある社員として周りから活躍を期待されていました。入社した頃からずっと希望を出し続けて異動したのだから、当たり前ですよね。

でも、結果的に、私は異動からわずか1年でトレンダーズを辞めてしまったのです。大した実績も残すことなく。

実は、２０１４年の４月に新規事業部に配属されて、10月にはすでにＪＩＯＮ立ち上げの準備をしていました。なぜなら、ついに実現可能、かつ収益化できるビジネスモデルを思いついてしまったから。

この頃、男性から「デートで着る服を選んでほしい」「奥さんにプレゼントを買いたいんだけど、何がオススメ?」と相談されることが多かった私。トレンダーズで女性マーケティングを担当していたので、つねに新商品のプレスリリースをチェックしていました。だから、自然と女性の好みやトレンドに詳しくなっていたのです。

そういう男性の声を聞くうちに、ふと「男性って、意外と情報を得るソースがないのかも?」と思うようになりました。

当時はＷＥＢのキュレーションサイトが流行り始めていた頃で、女性向けのメディアが次々とリリースされていました。そして、私の周りには、その立ち上げや運営に携わっている人が大勢いたので、業界の最新情報はつねに耳に入っていました。

しかし、女性向けに比べ、男性向けのメディアは少ないことに気づいたのです。しかも、女性視点で発信するメディアとなると、かなり珍しい。

さらに、WEBメディア事業と言えば、広告営業が要。そう、私の得意分野でした。

これは……勝てる。

広告営業のスキル、立ち上げに必要なノウハウ、応援者。私が今まで培ってきたノウハウや人脈がこの瞬間、一本の糸で繋がります。

「女性ライターが女性の本音を届ける男性向けメディア」

これだ！ これならオリジナリティが出せる。私にしかできない事業だ。

JIONの構想を思いついた瞬間から、私はそのことしか考えられなくなりました。


早速、起業に必要な協力者リストを作って、様々な人に会いに行きました。それから、今の仕事から得られるノウハウはすべて習得しようと、仕事への取り組み方も経営者視点に変わりました。

そして、なんとわずか半年足らずで資金調達、システムの構築、必要な人材……JION立ち上げに必要な環境をすべて整えることができてしまったのです。これも、今までに築いてきた人脈があったからこそでしょう。

こうしてトレンダーズ在籍中の12月1日、私は男性向けキュレーションサイト「JION」のテストサイトをリリースしました。

新規事業部に異動させてくれた社長には事後報告でした。「まだ十分に実績も残してないのに辞めるなんて。1年お前にかけたのに」と言われました。せっかく異動させてもらったのに、ずいぶん不義理をしてしまった、と思っています。

でも、後悔はしていません。

私と会社の成長速度が合うことはない。それに気づいた時から、やりたいことが見つかったらすぐに起業して会社を辞める。そう心に決めていたからです。

直属の上司は「組織としては残念だけど、気持ちはわかる。中途半端な気持ちで仕事をされても迷惑だから、もう自分のやりたいことに向かって進みなさい」と言って退職を承認してくれました。

私を叱った社長も最終的には励ましの言葉をかけて、起業の夢を応援してくれました。

あなたが夢を叶えるために会社を辞めようとすると、「まだ早い」「今の能力では無理」など、反対する人がいっぱいいるかもしれません。

企業はあなたを採用するために多額のお金を払っています。私も経営者なのでわかりますが、企業は一度雇った人にはずっといてほしいのです。活躍している人であればなおさら。実績が多ければ多いほど、その人には出て行ってほしくない。

でも、逆に考えれば、**いつ辞めても同じということ。いつ辞めたとしても、反対する人はするし、文句を言う人は言うのです。**

だから、たとえ敵を作ることになったとしても、それでいい。

本当にやりたいことが見つかったら、やりたいと手を挙げて、走り始めてしまいましょう。

最初は見切り発車でいいんです。事業を継続させる方法や所属している会社のことは、走りながら考えればいい。それよりも、思いついたアイディアを人よりも早く実現させることのほうが何倍も大事。私はそう思います。

起業しようと思ったら、手段を選ばず、ノウハウを学んで辞める。人のことは考えすぎず、自分の夢に向かってまっすぐに走る。このくらいわがままにならないと、夢なんて叶えられないのです。

新しいことに挑戦する時期に早いも遅いもない。尻込みをせずに飛び込む！

ギブアンドテイクで夢を叶える

起業のきっかけとなったエピソードを、もう一つご紹介させてください。

ＪＩＯＮの構想を考えていた頃、ＤｅＮＡの同期と会う機会がありました。彼はすでにＤｅＮＡを退社して、ＷＥＢメディアの運営会社を立ち上げていました。同じ分野で起業し、成功している人に話を聞いてみたいと思い、久しぶりに会いに行ったのです。

「私もＷＥＢメディアを立ち上げたいと思ってるんだよね」

ランチをしながらそう言うと、

「そうなんだ。じゃあ、僕が知ってるノウハウを全て教えてあげるよ」

彼の返事に、私は耳を疑いました。これが私の運命を変える瞬間となりました。

「成井は昔から有言実行する人だよね。ずっと起業したいって言ってて、夢がブレてないから応援したくなる。その営業力があればすぐに会社も軌道にのるでしょ」

彼とは年に2回くらい、同期の飲み会で会っていた程度。

でも、そこでずっと変わらない起業の夢を語り、さらにはフェイスブックで夢に向かって頑張っている様子をアピールしていたことで、いつの間にか応援者になってくれていたのです。

疎遠でもSNSを通して近況は知っている。そういう人は多いですよね。たとえリアクションがなくても、みんな意外と見ているものです。私がSNSでの発信を重視する理由には、こうした実体験もあります。

そこから私は彼の会社にはりつき、WEBメディア運営のノウハウを吸収することに集中。JIONリリースに向けて、着々と準備を進めました。

サイトのシステム構築は、友人のエンジニアが格安料金で請け負ってくれることに。編集スタッフは、高校の同級生が担当してくれました。

応援してくれる人が次々に現れ、みんなが様々な方法で協力してくれる。まるで、「プロジェクト成井」のようでした。

これも、借りがあるかないかにかかわらず、出会った人みんなと仲良くしてきたからこそだと思います。つねに、**何かあったら助けてくれる味方を作る**。そうして時間をかけて種蒔《ま》きしてきたことが、ここで一気に花開いた感じでした。

私が起業できたのは人脈のおかげだと散々書いてきましたが、これは本当にその通りなんです。多くの人の協力なしに、私は起業という夢を叶えることはできませんでした。私を助けてくれた人すべてに、今でも感謝しない日はありません。

そして、この時に考えていたのは、**与えてもらうばかりじゃなく、自分も何かお返しがしたい**、ということ。ギブアンドテイクで夢を叶えたいと思ったのです。

編集スタッフとして立ち上げメンバーに加わってくれた高校の同級生、小針さんは編集プロダクションでの勤務経験がありました。企業でOLをしながら、ずっと雑誌の編集の仕事に戻りたいと言っていた彼女に、「紙媒体ではないけど、一緒にWEBメディアを作ろう」とプレゼンし、運営のスキルを提供しました。協力してもらう代わりに、彼女が活躍できる夢の舞台をプレゼントしたかったのです。

そして、起業のノウハウを無償で提供してくれた恩人である同期には、会社の資本金の10%を出してもらい、株主になってもらいました。1年後に会社を株式譲渡したことで、彼にも恩返しができました。

貯金がほぼゼロだった私に、100万円の資金援助をしてくれたのは、経営者だった父でした。一時期はうつ病に悩みましたが、私の会社の最初の投資家として、現在は社会に復帰しています。

これまで与えてもらうことのほうが圧倒的に多かった私が、今度は与える側になれた。

しかも、夢だった起業を達成した結果、「自らの力で手に入れたもの」を提供して、人の役に立つことができたのです。

こうして2016年3月3日に、株式会社JIONが設立されました。

経費を極力削減し、早く事業を軌道に乗せるため、オフィスは自宅マンションの一室。人件費も抑えようと、大学生インターンを2名雇いました。

最初の目標は、立ち上げたWEBメディア「JION」のPV数を伸ばすこと。そのために、月間100本の記事配信を目指しました。3人だけでは難しいので、クラウドソーシング経由で10名のライターと契約し、話題になるような記事を毎日配信し続けました。

こうした努力が実り、立ち上げから3ヵ月でJIONは100万PVを達成。同時に、JIONに広告を出稿したいという企業も現れました。

初めての広告の受注金額は15万円。トレンダーズ時代に扱っていた額と比べればごくわずかですが、自分の会社に初めて売上が立った瞬間でした。ようやく起業の夢が叶ったことを実感し、涙が出たのを今でも思い出します。

田舎出身、女子大卒、ダメOLだった私が、何者かになることを夢見て、もがき続けた10年間。今、振り返ってみても、決して楽ではなかったなぁと思います。

でも、絶対に叶えたい「起業」という夢に向かって、あきらめずに走り続けた。成功を夢見て、夢を公言し、根拠のない自信を持ち、人脈を作り続けてきた。

特別な才能なんかない普通の人間だけど、自分を信じて背伸びを続けてきたからこそ、今があるんです。

夢はただ待っているだけでは叶いません。世の中そんなに甘くはありません。

でも、**目的を持って動き続け、地道に努力を続けたならば。**そう**いう人の夢は、いつか必ず現実になる。**私はそう確信しています。

そして、それは次にあなたと同じ夢を目指す、誰かの勇気になる。そう思うのです。

☑ 夢を叶えたあなたが人に与えられることはなんですか?

終章

夢のその後

ただいま！
おかえりなさーい！
28歳で会社を設立しオフィスを構えて正社員も雇えた
例の記事どう？
だいぶPV伸びてます
会社は黒字化私の起業の夢は順調に叶いつつあった
しかしその年にキュレーションサイトの信憑性が問題視され
その影響でうちの会社への広告発注が白紙に戻るという事件が起きた

TOILET
ふー
マジでやばい！
今月300万円の売上が飛んじゃった！
会社にいくら貯金があったっけ？
もしや倒産する⁉
なんとかして私の会社を守らなくちゃ！
安定した環境の中で事業を伸ばしたい！

会社を
大手の企業に
売却して
今の事業を
成長させると
決めた私
今まで培った
営業力を活かして
買収してくれる
企業を探し回った
そして!
なんと
交渉開始から
1ヵ月で
成井五久実
会社を
3億円で
売却できた
失礼
します…
バタン
人生で
一番大きな
商談を
まとめた日
ヘナ…
やっ……
た〜〜〜〜〜〜〜!
こうして私は
晴れて起業家として
挑戦を続けられる
ことになったのだ!

◇設立から1年でM&A　ちょっとの背伸びが3億円を生む

「ＪＩＯＮ」のリリースから5ヵ月。ＰＶ数は順調に伸び、20代〜30代男性を中心に読者を獲得していきました。そうした男性に向けて商品を宣伝したい企業からの記事広告の発注が続き、ついに会社は黒字化しました。

都内のビジネスマンに向けて、「恋愛・デート・ファッションに関する旬な情報を女性目線で伝える」というコンセプトで、思った通り、世の男性に受け入れられるメディアを作れた、と言えるでしょう。

現在は、国内の男性向けＷＥＢメディアとして規模はトップクラス。パナソニック、トヨタのレクサスなど、大手ナショナルクライアントが広告主になっています。

特に、「女性がどんな仕草をしたら脈アリか？」など、リサーチに基づくリアルな恋愛ノウハウを紹介した記事はバズりました。今までそういう情報を得られる媒体は雑誌くらいしかなかったので、ニーズがあったのです。

記事はどんどんフェイスブックなどのＳＮＳで拡散されていき、1年後には月間50

０万ＰＶを達成、読者数は２００万人を突破しました。起業後1年で、ある程度の実績を作れた、と言えると思います。

でも、この結果に満足して終わる私ではありません。実は、起業前から次の目標がありました。

次に目指すは、Ｍ＆Ａ（企業の合併や買収の総称）もしくは、ＩＰＯ（上場し、株式を新規で公開すること）。**自分が作った会社が社会でどう評価されるのか、自分の成果をちゃんと形にしたかった**のです。

上場せずに安定して黒字化する事業を続けるのも一つの道ですが、それは私の人生じゃないと思いました。夢だった起業は達成できたけど、やっぱりもっと背伸びをしたい！　勝負するからには、社会に通信簿をつけてほしいと思ったんです。

具体的に動くきっかけとなったのは、２０１６年12月にニュースになったキュレーションサイト問題でした。信憑性の低い記事を掲載していたキュレーションサイトが、相次いで閉鎖に追い込まれたことをご記憶の方も多いと思います。

この影響を受け、ＪＩＯＮでも広告の発注がキャンセルになるなどの損害が発生。会社の収益源である広告の販売がストップしてしまい、預金残高が１００万円を切った時は、倒産の2文字が頭をよぎりました。

会社をなんとしても守りたい。収益が見込める環境で、メディア事業を成長させたい。社員をより良い待遇で働かせてあげたい……。

そう思った私は、ニュースが出た瞬間から事業売却に向けて動き始めました。より大きな企業に買ってもらい、より大きな挑戦ができる環境を手に入れたいと思ったのです。

幸い、周りには10億円規模のM&Aを成功させた実績のある友人がいました。すぐに相談に行くと、売却先の候補になる企業を紹介してもらえることに。ここでも私は、周りの人に救われたのです。

そこから交渉に入り、2017年5月、株式会社ミスターフュージョンに3億円で株式譲渡することが決まりました。ニュースが出てから動き始めたタイミングが早かったことと、JIONは初期から利益が出ていたことで、すぐに買い手がついたのでした。

起業から1年ちょっとで3億円。ダメOLだった頃には想像もしていなかった未来です。

「成井、失敗はゴムパッチンなんや」

ふと、ＤｅＮＡで大損害を出した私に、当時の部長が言ってくれた言葉を思い出しました。

たとえ失敗しても、いつかそれは成功になって返ってくる。**失敗が大きければ大きいほど、成功も大きい。**当時は信じられなかったけど、本当にその通りになりました。

失敗はしたけれど、あの時に仕掛けた大勝負は無駄ではなかった。つねにちょっと無理をして、背伸びをし続けてきた結果が、こんなにも大きな成果に繋がったのです。あの時の失敗が、ここでようやく報われた気がしました。

ゼロから独学でＭ＆Ａについて学んでいたら、こんな結果は出せなかったでしょう。いつかはできたかもしれませんが、このタイミングでの売却は絶対に無理だったと思います。

起業もそうですが、ゼロから自分一人で何かを始めるのは難しい。

でも、自分より前に周りの誰かがやっていたら、その人に教えてもらうことができるんです。**経験者に聞けるということは、ものすごく成長スピードが早くなる**、ということ。

20代で起業し、女性起業家最年少の売却額実績を作る。

普通の女子だった私にそんなことができたのは、大学生の頃からいつも背伸びをして、先に道を歩いている経験者に聞いてきたから。

こんなにも早く成果を出せた秘密は、ここにあるのです。

◆すべての人の夢を叶える側になる

20代で起業、そしてM&Aの成功、と夢を叶えてきた私ですが、それで終わりではありません。今でも、まだまだ夢を見続けています。

一つ山を登ると、それまでには見えなかった景色が見えるようになりました。今の私だから目指せるものがある。そう思ったら、新しい夢がいくつも出てきたんです。

今の夢は、すべての人の夢を「叶える側」になること。

海外の起業家は、シリアルアントレプレナーが多いですよね。早期に自分のできることで資金を作り、そのお金を使って次の挑戦をする。連続して新しい事業を立ち上げている人がたくさんいます。

私は企画力と営業力という強みを活かして起業し、最短でマネタイズすることができた。今は早期に自分が作ったものを売って、ある程度の資金を手にした状態です。だから、今度はその資金を使って、何か新しいことをやりたいと思いました。そして、次は自分のためだけではなく、人のために。手に入れた資産を、社会に還元したいと思うようになったのです。


私が起業という夢を叶えることができたのは、私の夢を応援してくれる人たちがいたから。技術やノウハウ、資金など、様々な形で多くの人にサポートをしてもらったからこそ、今があります。

だから、私も今度は応援する側になりたい。昔の私のように、夢に向かって邁進している人のサポートをしたい。そう思っています。

投資事業やキャリアカウンセリング事業を始め、みんなが夢を実現できる社会を作る。これが今の私の夢です。

起業のノウハウ、目標を達成するためのキャリア形成術。そして、資金を持っていることが今の私の強み。だから、それを活かして人の夢を応援したい。これが、今の私にできることだと思ったのです。

それに、みんながやりたいことを自由にやれれば、結果的に社会はめちゃくちゃ面白くなる。そう思いませんか？　私は今からワクワクしています。

そうして一つ山を登ったら、また違う世界が見えてくるのだと思います。

私の母は今、臨床心理士として、地元福島で東日本大震災で被災された方の心のケアをしています。もう自分のことはどうでもよくて、人のために仕事を続けたい。いつ死んでも満足、なんて言っています。なんだかマザーテレサみたいですよね。

私はまだまだその領域には行けそうにないですが、50代くらいになったら、「いつ死んでもいい」と言えるような人になっていたいなと思います。

人のためになるような事業を考えて、それを仕事にして生きる。つねにベストを尽くしているから、いつ死んでも後悔はない。そんな人生を送れたらいいな、と。

そのためにも、今はまだまだ夢を追いかけ続けます。まだ見ぬ景色を求めて、自分にできることはすべてやっていきたい。

だから、私はこれからも山を登り続けます。そして、できたら、夢に向かって進んでいるあなたと、一緒に頂上を目指せたらと思っています。

大丈夫。あなたの夢はきっといつか叶います。だから、迷わずに一歩踏み出してください。この本が、そのきっかけになることを願って。

おわりに

本書を最後まで読んでくださり、ありがとうございました！

いかがでしたでしょうか？

「意外と普通のことしかやってない！」という感想を持った方も多いのではないでしょうか？

そうなんです。私、本当に普通なんです（笑）。

この本を執筆するにあたり、過去を振り返ってみると、ホリエモンのようなかっこいい格言や目新しいビジネスノウハウなんて何もなく……。そんな自分に愕然としました。なんだか、地味ですよね。

でも、それで思ったんです。私がここまで来られたのは、「ちょっとの背伸び」をし続けながら、目の前のことを一つ一つ、着実にやってきたからだったんだな、と。

そんな普通の人間である私にしか書けない「等身大のビジネス書」を書きたい。そう思って執筆してきました。

誰にでも真似できる「当たり前の理論」かもしれないけど、きちんとやり遂げれば、夢はちゃんと叶うんです。

そのためには、本書で語った通り、
絶対に叶えたい夢を設定し、
時には見切り発車でアクションを起こし、実績を作ることで信頼を蓄積する。
そして、たくさん人脈を広げて、自分の応援団を作る。
そうして完成した〝わたし〟という商品を、高値で買ってもらうのです。
すぐに上手くいかなかったとしても、「絶対に叶えたい」という執念があれば大丈夫。いつか必ず夢は叶います。

今の環境を変えることは、確かに簡単ではないですよね。怖い気持ちもわかります。
そういう私だって、この先どうなるかわかりません。現在は「ベクトル」という大手PR会社の子会社の社長を務めていますが、プロジェクトに失敗して、サラリーマンに逆戻りすることになるかもしれません。収入だってゼロになるかも……。

でも、思うんです。

たとえ、どん底に落ちようとも、この本で綴ったことを実践すれば、何度でも這いあがって成功できる、と。

根拠のない自信が、今では「確固たる自信」に変わりました。

そういった自分の「嬉しい変化」を、ぜひたくさんの女性に味わってほしいな、と思います。


私が「本を出版したい」という夢を抱いたのは25歳の時でした。当時の手帳には、「本を出す、女性の憧れになる」と大きな文字で書き殴ってあります。

私はこの本一つとっても、夢を決めて、根拠のない自信を持ち、自分で企画を持ち込んで、応援団を作り……と、この本に書いた通りに行動し、夢を叶えたんです。

いつも私を支えてくれる会社のメンバー、担当編集の今橋さん、ライターの渡辺さん、素敵なイラストと漫画を描いてくださった、桜沢エリカ先生とナデシコプロの皆さん。

この本を作るにあたり、支えてくださった応援団の皆さまに感謝いたします。

私は今も、こうして一つ一つの夢を確実に叶えるべく、日々奮闘しています。

今、叶えたい夢は二つ。

一つ目は会社を大きくして、誰もが知っているメディアを作り、ＩＰＯを目指すこと。

二つ目は、この本を読んでくださった女性たちの夢をサポートすることです。

そのために、今年、夢を持った女性に投資するファンドを設立予定です。本書を読んで夢に挑戦したくなった方、本当に起業できるかわからないと迷っている方、ぜひ気軽に私に相談してください。

その他にも、キャリアカウンセリング、モチベーションコーチング、投資など、幅広く女性の「狙ったキャリア」を叶えるお手伝いをしていきたいと思っています。

随時情報を発信していきますので、公式ホームページ、またはＬＩＮＥ＠をフォローしてくださると嬉しいです。

次はあなたが夢を叶える番です。一緒に頑張りましょう！

著者略歴

成井五久実（なるい・いくみ）

株式会社JION代表取締役。起業家。1987年福島県生まれ。東京女子大学卒。会社経営者の父、臨床心理士の母の元に生まれ、19歳の頃から起業を志す。新卒で株式会社DeNAに入社し、デジタル広告営業を経験。その後、トレンダーズ株式会社に転職、100社以上のPR・女性マーケティングを担当する。2016年、28歳で株式会社JIONを設立。情報サイト運営を通し、立ち上げからわずか5ヵ月で黒字化を達成。会社設立から1年後の2017年、3億円で株式譲渡（当時の女性起業家最年少・最短・最高額実績）。現在は、株式会社ベクトルグループ傘下の会社社長を務める傍ら、女性起業家を支援する活動にも従事。自らの経験を伝えることで「全ての女性に夢を叶えてほしい」との思いから、キャリアカウンセリング・コーチングを手がけている。メディア運用や広告をテーマにした講演も全国で開催。今後は、女性のキャリア構築に関するセミナーの主催も予定している。

ホームページ http://narui.work

公式LINE@ @narui

Instagram @ikuminarui

ダメOL《オーエル》の私《わたし》が起業《きぎょう》して1年《ねん》で3億円《おくえん》手《て》に入《い》れた方法《ほうほう》

2018年4月26日　第1刷発行

2018年8月9日　第2刷発行

著者　成井五久実《なるいいくみ》

漫画・イラスト　桜沢エリカ

編集協力　渡辺絵里奈

装幀　桐畑恭子（next door design）

発行者　渡瀬昌彦

発行所　株式会社講談社

東京都文京区音羽2-12-21　〒112-8001

電話　編集03-5395-3522

販売03-5395-4415

業務03-5395-3615

印刷所　豊国印刷株式会社

製本所　株式会社国宝社

定価はカバーに表示してあります。JASRAC申請済

ISBN978-4-06-220977-9